FACULTÉ DE DROIT DE PARIS

DU
DOMAINE PUBLIC DE L'ÉTAT

LE DOMAINE PUBLIC DE L'ÉTAT
A ROME ET DANS L'ANCIEN DROIT FRANÇAIS

DES CHOSES QUI COMPOSENT LE DOMAINE PUBLIC DE L'ÉTAT

DE LA DÉLIMITATION

DE LA COMPÉTENCE DES JURIDICTIONS CIVILE ET ADMINISTRATIVE

EN DROIT FRANÇAIS

THÈSE POUR LE DOCTORAT

SOUTENUE LE MERCREDI 29 MARS 1882

A une heure et demie

PAR

Paul-Georges-Émile BAILLIÈRE

NÉ A PARIS

Avocat à la Cour d'appel de Paris

Président : M. BUFNOIR

Suffragants :
{ MM. VUATRIN
  LABBÉ } *Professeurs.*
  GASSIN
  LEFEBVRE } *Agrégés.*

Le candidat répondra en outre aux questions qui lui seront faites
sur les autres matières de l'enseignement.

PARIS

IMPRIMERIE ÉMILE MARTINET

2, RUE MIGNON, 2

1882

DU

DOMAINE PUBLIC DE L'ÉTAT

DU DOMAINE PUBLIC DE L'ÉTAT

A ROME ET DANS L'ANCIEN DROIT FRANÇAIS

DES BIENS QUI COMPOSENT LE DOMAINE PUBLIC DE L'ÉTAT

DE LA DÉLIMITATION

DU CONFLIT ENTRE LES JURIDICTIONS CIVILE ET ADMINISTRATIVE

EN DROIT FRANÇAIS

THÈSE POUR LE DOCTORAT

PRÉSENTÉE ET SOUTENUE LE MERCREDI 29 MARS 1882

A une heure et demie

PAR

Paul-Georges-Émile BAILLIÈRE

NÉ A PARIS

Avocat à la Cour d'appel de Paris

Président : M. BUFNOIR

Suffragants : MM. VUATRIN, LABBÉ — *Professeurs.*
CASSIN, LEFEBVRE — *Agrégés.*

Le Candidat répondra en outre aux questions qui lui seront faites
sur les autres matières de l'enseignement.

PARIS

IMPRIMERIE ÉMILE MARTINET

2, RUE MIGNON, 2

1882

DU DOMAINE PUBLIC

INTRODUCTION

Certaines choses ont été, par la disposition même de la
nature, ou par le travail des hommes, vivant en société, destinées à des usages publics, et elles sont tellement indispensables
à la vie commune qu'on ne conçoit guère d'État qui puisse
s'en passer. Ce sont les routes, le cours des fleuves, les rivages
de la mer qui servent aux communications des citoyens; ce
sont les édifices publics et les remparts des villes, qui servent
à leurs besoins d'organisation et de défense. Des lois spéciales
les protègent, et on ne pourrait les détacher du corps social
sans qu'un trouble profond ne s'y fît sentir. C'est ce qu'on
nomme le domaine public, ensemble de biens distincts des
choses du domaine privé que l'État possède à titre de propriétaire, qu'il peut augmenter, échanger ou restreindre sans que
la vie sociale en souffre.

Mais si la réflexion et l'analyse nous ont rendu aujourd'hui
ces idées nettes et familières, il n'en a pas été de même à toutes
les époques; et l'on constate bien des essais, des erreurs et des
tâtonnements avant que le domaine public ne soit définitivement constitué, et ne reçoive l'organisation qui lui est propre.

Nous nous proposons d'étudier comment le problème s'est posé à Rome, et quelles solutions on lui a données. Nous verrons ensuite comment notre droit moderne a dégagé les caractères du domaine public national et a confié à l'État le soin de le reconnaître et de le délimiter.

Il y a, en effet, d'autres parties du domaine public comme le domaine municipal à Rome, et le domaine public des communes et des départements en France. Notre sujet se restreint à l'étude du Domaine public de l'État à Rome, et dans notre pays.

DROIT ROMAIN
DU DOMAINE PUBLIC DE L'ÉTAT A ROME
SES MODES DE PROTECTION
PAR LES CITOYENS ET PAR LES MAGISTRATS

CHAPITRE PREMIER
DES BIENS QUI COMPOSENT LE DOMAINE PUBLIC
DE L'ÉTAT A ROME

SECTION PREMIÈRE
ÉPOQUE DE CRÉATION

Période sacerdotale. — L'idée du domaine public a été longue à se constituer à Rome, et ne s'est développée d'abord qu'à l'ombre de l'idée religieuse. Toutes les fois qu'ils éprouvent à l'origine le besoin de soustraire certains biens à l'appropriation privée, les Romains appellent à leur aide des cérémonies pieuses. Romulus consulte les augures avant de tracer l'enceinte de Rome avec le soc mystique (1), et l'histoire vraie ou supposée du meurtre de Rémus montre le châtiment réservé à celui qui viole les murs consacrés d'une ville. Servius trace les limites du Pomerium suivant des formes traditionnelles empruntées aux Étrusques; l'espace qui sépare les murs d'enceinte des champs voisins d'une part, des maisons urbaines de l'autre est consacré aux dieux, et il est défendu (*nefas*) d'y labourer et d'y bâtir (2). Le Capitole, qui était à la fois citadelle, lieu d'assemblée et temple, n'a été construit qu'après de

(1) Tite-Live, 1, 7. — Fustel de Coulanges, *Cité antique.*
(2) Tite-Live, 1, 44.

longues et graves cérémonies (1). Il en fut de même pour la consécration du Champ de Mars (2) et quand les plébéiens se donnèrent une organisation distincte de celle des patriciens, un de leurs premiers soins fut, en se nommant des chefs, de prendre, comme point de ralliement, un lieu consacré, le temple de Cérès et de Bacchus (3). C'est là qu'étaient déposés les plébiscites, de même que les archives du Sénat et le Trésor public étaient remis dans le temple de Saturne. Enfin l'image des dieux se retrouvait sur les routes, dans les carrefours; et les fleuves, eux-mêmes, étaient placés sous la protection de divinités spéciales.

Un tel ensemble d'idées et de règles ne comportait qu'une juridiction sacerdotale, et c'est, en effet, ce que nous apprend Tite-Live, quand il constate que les lois de Numa remettaient au tribunal des pontifes la décision de toutes les choses privées et sacrées (4). Nous ne pouvons saisir que le caractère général de cette législation; mais tout nous montre un droit dur et sans pitié : la peine du talion pour le crime privé, la mise hors la loi (*sacer esto*) pour le sacrilège (5). Si la sévérité du droit privé persiste dans la répression de l'adultère et du vol de nuit, la sévérité du droit public se retrouve encore à l'époque de Justinien dans les peines terribles prononcées envers ceux qui commettent quelque infraction contre les murs des villes (6), ou contre les choses sacrées (7).

Une fois consacré, le lieu devenait inviolable; il fallait une décision du Sénat, et des cérémonies expiatoires pour lui enlever le caractère qu'il avait reçu, et le restituer au commerce (8). Toutefois une consécration irrégulière n'avait au-

---

(1) Tite-Live, 1, 55; 2, 8.
(2) Tite-Live, 2, 5.
(3) Tite-Live, 2, 33; 3, 55.
(4) Tite-Live, 1, 20.
(5) Ihering, *Esprit du droit romain*, 1, § 21.
(6) *Instit.*, 2, 1, 10.
(7) *Dig.*, 48, 13, 6.
(8) Cicéron, *Pro domo*, 53.

cune valeur, et le jugement qui en reconnaissait les défauts suffisait à en faire disparaître les effets (1).

Période civile. — Avec la loi des Douze Tables, en l'an de Rome 303, et la création d'un magistrat spécial pour la justice, le préteur, en l'an de Rome 387, le droit public entre dans une nouvelle phase. Il sort de l'enceinte des temples, et se produit au grand jour, sur la place du Forum. C'est l'époque du développement du droit municipal; les lois sont faites pour toutes les personnes comprises dans les limites politiques de Rome, pour la réunion des *cives*.

Les distinctions qui subsistent encore entre les diverses classes tendent peu à peu à disparaître, et l'on peut dire qu'au temps des guerres puniques, la fusion des races est un fait accompli.

Aussi le régime du domaine public se modifie-t-il avec la transformation des mœurs. On ne voit plus en lui une chose sacrée et mystérieuse, dont la garde est confiée à des prêtres suivant des lois inconnues; c'est un bien mis à la disposition de tous, et que tous ont le droit de faire respecter. Sans doute, les biens du domaine ne sont pas dans le commerce, et ne peuvent faire valablement l'objet d'un échange ou d'une vente, mais le droit que chacun y attache n'en est pas moins bien précis et bien net, c'est l'*usus publicus*. Aucun droit ne se rapproche davantage du droit de propriété, car il en contient tous les principes, sauf le droit de disposition (2).

Les Romains l'avaient reconnu de bonne heure (3); toutefois, hésitant à le faire entrer dans le cercle limité des *légis actiones*, ils créèrent des actions spéciales destinées à le faire valoir : interdits, actions *in factum* et actions populaires. Le *Digeste* exprime et résume notre principe, en disant que « tout le monde

(1) Telle est en effet la thèse que Cicéron soutient encore près de 700 ans après la fondation de Rome.

(2) Ihering, *Esprit du droit romain*, trad. française, t. IV, p. 339-344.

(3) *Dig.*, 43, 1, 2, 2. « Velut proprietatis causam continent. » — Code, 7, 38 : « Ne rei dominicæ vel templorum vindicatio temporis prescriptione summoveatur. »

peut exercer une action publique pour faire respecter un droit d'usage qui appartient à tous les citoyens. »

Nous nous proposons maintenant, après avoir vu naître en quelque sorte le domaine public, d'examiner quels en sont les caractères essentiels, quels sont les biens qui le composent, et quels ont été, aux différentes époques, les moyens mis en usage pour sa protection (1).

SECTION II

CARACTÈRES DISTINCTIFS. — DOMAINE PUBLIC DOMAINE PRIVÉ DE L'ÉTAT

Les choses qui composent le domaine public sont, avons-nous dit, celles dont l'usage est commun à tous, en vertu d'une loi sociale qui se retrouve chez tous les peuples civilisés. Il en résulte naturellement qu'elles sont inaliénables et imprescriptibles.

Inaliénables, car on ne comprendrait pas que l'État, dépositaire de ces biens au nom de tous, s'en dessaisît au profit d'un seul; imprescriptible, car il est impossible que la surprise d'une part, la négligence de l'autre légitiment ce que la volonté la plus formelle ne saurait faire.

Les jurisconsultes romains n'ont pas ignoré ces principes, et l'on en trouve chez eux plus d'une application. Pomponius nous dit qu'il y a des choses dont l'aliénation n'est pas possible, et qui ne sont pas dans le commerce, comme les choses publiques *quæ non in pecunia populi, sed in publico usu habeantur, ut est Campus Martius* (2).

Gaius reconnaît aussi l'imprescriptibilité des choses publiques qui appartiennent au peuple romain (3), et Pomponius ajoute, à

_____

(1) *Dig.*, 43, 7, 1. — 43, 8, 2, 2 *Pomponius*. « Loca publica utique privatorum usibus deserviunt, jure scilicet civitatis, non quasi propria cujusque.» Cette loi s'explique fort bien par une idée de propriété collective personnelle aux seuls citoyens.

(2) *Dig.*, 18, 1, 6.

(3) *Dig.*, 41, 3, 9.

titre d'exemple, qu'en pêchant dans un bras de fleuve public,
on ne saurait par prescription y acquérir un droit exclusif (1).
Enfin Javolenus rappelle que le peuple ne perd pas la propriété
d'une route par suite de non usage (2). Il est impossible, croyons-
nous, de reconnaître, d'une façon plus claire, aux choses publiques les qualités que nous revendiquons encore aujourd'hui
pour elles.

Toutefois il faut avouer que ces caractères si tranchés et si nets
ne furent pas tout d'abord le privilège exclusif des biens que
nous désignons maintenant sous le nom de domaine public. La
doctrine romaine a été plus flottante, et elle y a compris des
choses que le droit moderne en a éliminées. C'est ainsi que la
religion avait rendu imprescriptibles et sacrés, non seulement
les édifices publics religieux, mais aussi les monuments funéraires des particuliers. C'est ainsi que le domaine privé de l'État
fut doté d'abord des mêmes privilèges que le domaine public.

L'histoire des biens privés de l'État est un trait original de
l'histoire de Rome. Leur condition paraît avoir beaucoup varié
sous la République et sous l'Empire ; et en lisant les textes qui s'y
rapportent, on croirait presque qu'il s'agit de deux classes de
biens différents.

Sous la République, ils prennent le nom d'*agri publici*. Dévo-
lus à l'État par le droit de la guerre, par suite d'amendes ou de
confiscations (3), par donation etc… ils reçoivent d'abord une destination publique. Ils servaient à payer une portion des charges,
et en particulier les dépenses de travaux faits à l'entreprise, et
qu'on nommait *ultrotributa*, à embellir la ville, à secourir les
citoyens ; ils faisaient partie de l'actif du budget. Pour les faire
sortir du domaine public et entrer dans le commerce, il fallait

_____

(1) *Dig.*, 41, 3, 45.

(2) *Dig.*, 43, 11, 2. — Orelli, 3257 ; 3261, etc.

(3) Belot, *Hist. des ch. rom*, 2, 181, énumère quelques-unes de ces confiscations qui suivaient la victoire. On peut voir aussi dans Tite-Live (7, 31), la
curieuse formule par laquelle les Campaniens se donnent eux, leurs biens
et leurs dieux, et se proclament les déditices du peuple romain. — De
même, Tite-Live, 1, 37.

une loi, sans laquelle ils demeuraient inaliénables. Ils sont mentionnés dans l'édit du préteur, et sont protégés comme les routes par l'interdit, *ne quid in loco publico* (1). Les anciens jurisconsultes les regardaient comme inaliénables et imprescriptibles (2), et Cicéron, dans son discours sur la loi agraire, reconnaît que la république peut toujours reprendre les fonds possédés, lorsqu'elle le juge convenable (3). Enfin une preuve plus éclatante encore se tire de l'histoire des lois agraires, si longtemps liée à la politique intérieure de Rome.

Après une guerre heureuse, le peuple (qui n'était pas distinct de l'armée) demandait à tirer un profit immédiat de sa victoire en occupant immédiatement une partie des terres du peuple vaincu. On la lui accordait généralement; on en réservait une autre pour l'État; une troisième était vendue. On avait ainsi diverses classes de biens nommés *agri divisi*, *limitati* ou *subsecivi*, *agri vectigales*, et des conditions très diverses, *agri occupatorii*, *arcifinii*, *questorii*, etc.... (4). Mais ces partages ne pouvaient jamais être définitifs. Le citoyen pauvre obligé de donner en gage sa propriété ou de la vendre en était bientôt dépossédé; le riche au contraire envahissait rapidement les propriétés publiques dont il n'était que le fermier. De là des confusions sans remèdes, des revendications, des luttes jalouses, et un état de trouble et de désordre continuel. Les lois Liciniennes (an de R. 390), les lois des Gracques (an de R. 622 et 632), en sont les principaux épisodes. La loi de l'an de R. 644 (111 av. J.-C.) qu'on nomme parfois *lex Thoria* essaya d'arriver à un compromis. Elle confirmait les possessions comme elles se comportaient alors; à titre de propriété, quand les dispositions des lois et des sénatus-con-

____

(1) *Dig.*, 43, 2, 3.

(2) Agg., Urbicus, p. 69. — « Jurisperiti negant illud solum quod solum populi romani esse cœpit, ullo modo usucapi a quoquam mortalium posse... »

(3) Cic., *De leg. agr.*, 31. « Vetustate possessionis se non jure; misericordia senatus, non agri conditione defendunt; nam illum agrum publicum esse fatentur; se moveri possessonibus amicissimis sedibus ac Diis penatibus negant oportere. »

(4) Plutarque, *Tib. Gracchus*, 8. — Sic., Flacc., 16.

sultes n'avaient pas été enfreintes ; moyennant une redevance, quand elles n'avaient pas été observées. Mais de nouvelles lois de Rullus, de César remirent les choses en question. Et l'on en vint aux lois agraires des Proscriptions qui sont comme la seconde phase socialiste des révolutions romaines (1). L'Empire ramena la sécurité : les tentatives isolées des empereurs furent définitivement abandonnées par Vespasien qui « *uno edicto totius Italiæ metum liberavit* » (2).

Nous arrivons au droit de l'Empire. Bientôt apparaît une nouvelle législation. Le prince est devenu l'héritier du peuple ; il en possède à la fois les domaines et les droits politiques. Les conquêtes nouvelles se font à son profit ; et son trésor particulier, le fisc, s'alimente des revenus de l'Égypte et de l'Asie. Sans doute le partage des provinces entre l'empereur et le Sénat laissait subsister une caisse publique, l'*Ærarium* où se versent les revenus des provinces sénatoriales et le produit du *stipendium*. Mais la distinction des deux comptabilités finit par s'évanouir ; et l'empereur disposa de la fortune publique aussi librement qu'il disposait déjà des droits politiques des citoyens. C'était là une conséquence naturelle de ses pouvoirs. En lui était le principe et la source de toute législation. Comment aurait-il compris qu'il lui fallût l'autorisation d'une loi pour aliéner valablement le domaine privé de l'État ? Ces ventes étaient choses communes au temps de Marc-Aurèle, dont Justinien cite un édit ; et lui-même ainsi que Zénon leur ont accordé divers privilèges (3).

Ainsi disparaissait le principe d'inaliénabilité dont la République s'était montré si jalouse. Mais le principe d'imprescriptibilité subsistait toujours (4). Supprimé momentanément par une constitution d'Anastase (5), il fut rétabli depuis par des

----

(1) Heyne, *puscula academica*, 4, 371. Cité par Belot, *Chevaliers romains*.

(2) Agg., Urbicus *de cond. Agr.*, p. 68 ; Suétone, *Domitien*, 9.

(3) *Instit.*, 2, 6, 14.

(4) *Dig.*, 41, 3, 18. — *Instit.*, 2, 6, 9.

(5) Code, *De prescript.* XXX vel LX *annorum*, 4.

constitutions nombreuses (1). Les biens privés de l'État formèrent ainsi une classe à part à côté du domaine public.

SECTION III

CLASSIFICATION DES BIENS QUI COMPOSENT LE DOMAINE PUBLIC

Nous sommes donc arrivés à dégager les deux caractères
essentiels du domaine public, inaliénabilité, imprescriptibilité,
caractères qui ne reviennent naturellement ni aux choses du
domaine privé, ni aux choses qui sont dans le commerce.
Nous pouvons aborder maintenant les classifications; malheureusement celles que les Romains nous ont laissées à cet égard
manquent soit de développement, soit de clarté.

Gaius, que nous avons l'intention de suivre, distingue d'abord
les choses de droit divin, et les choses de droit humain, puis
il subdivise les premières en choses sacrées, religieuses et saintes; les secondes en publiques et privées. Tout en reconnaissant l'intérêt de cette division dont les quatre premières parties
répondent assez bien à l'idée du domaine public, il l'abandonne bientôt sans la développer.

Justinien au contraire, insiste davantage. Pour être à la fois
plus court et plus complet, il établit deux divisions principales,
les choses « *extra commercium* », et les choses « *in commercio* »; puis il énonce diverses catégories de choses qu'il se propose de faire rentrer dans chacune de ces divisions. Malheureusement les catégories ont été assez mal faites, et plusieurs
d'entre elles conviendraient également à chacune des deux
classes principales. C'est ainsi que les choses *nullius* comprennent à la fois les *res sacræ*, *religiosæ*, etc., imprescriptibles, et
les biens vacants, prescriptibles. C'est ainsi encore que les *res
universitatis* comprennent à la fois le domaine public munici

____

(1) Elles se trouvent réunies par M. Arthur Desjardins, *De l'aliénation des
biens de l'État*, p. 65.

pal, et les biens qui sont « *in pecunia populi* », dont la condition est fort différente (1).

Sans nous arrêter longtemps à discuter les termes de Justinien, nous allons suivre et compléter la division de Gaius en disant quelques mots d'abord des choses *divini juris*, puis en examinant les choses du domaine public terrestre, et du domaine fluvial et maritime.

SECTION IV

CHOSES PUBLIQUES ET DROIT DIVIN

Les choses *divini juris* comprenaient, dit Gaius, les choses religieuses, sacrées et saintes.

§ 1. Choses religieuses. — Les choses religieuses concernaient le culte des morts, et le respect dû à leurs tombeaux. Cicéron nous apprend qu'ils ne pouvaient être ni vendus, ni donnés, ni acquis par l'usage (2). — Il fallait que les sacrifices domestiques fussent perpétuels; que les droits des dieux mânes fussent saints. Les morts devaient être tenus pour divins (3). Exhumer les dépouilles des morts ou les changer de place sans autorisation était une impiété, et les réparations faites aux monuments devaient être précédées d'un avis favorable des pontifes (4). Ainsi les tombeaux participaient à l'inviolabilité qui consacrait les diverses parties du domaine public.

Le *jus sepulcrorum* s'était élevé en effet au-dessus d'un devoir particulier, et regardait le droit public de Rome. Dans les premiers temps il avait été l'objet de la religion la plus

---

· (1) *Dig.*, 18, 1, 34, 1, et *Dig.*, 18, 1, 6.

(2) « Quod forum, id est vestibulum sepulcri bustumve usucapi vetat, tuetur jus sepulcrorum. » (*De leg.*, 2, 24.)

(3) « Sacra privata, perpetua manento. Deorum manium jura sancta sunto. Hos leto datos, divos habento. » (*De leg.*, 2, 9.)

(4) *Dig.*, 11, 8, 5 (*de Mortuo inf.*).

suivie et la plus solennelle (1). Les croyances primitives faisaient des honneurs rendus aux morts un devoir des plus stricts; on devait leur élever un tombeau, et leur rendre un culte (2). Sans cela leurs âmes errantes, jouet des vents et des tempêtes, ne pouvaient jouir d'aucun repos, et se vengeaient de leurs supplices sur les vivants trop insoucieux. L'État même y était intéressé : Tite-Live rapporte que le sacrifice destiné à apaiser les mânes de la sœur d'Horace fut payé des fonds du Trésor; tandis que des cérémonies particulières, dont la tradition persista longtemps furent imposées à la gens Horatia. — « *Totam incestat funere classem* », dit Virgile. — Si l'on pouvait trouver la dépouille du mort, ou du moins un de ses os (3), on lui élevait un cénotaphe, et on remplissait pour ce tombeau vide les cérémonies habituelles (4). Cette cérémonie que nous trouvons aux premiers âges de Rome, et au milieu de son histoire, se retrouve encore plus tard, dans les inscriptions relatives aux *collegia funeratitia*. On voit en effet que le malheureux esclave dont le maître ne veut pas remettre le corps, recevra du moins un « *funus imaginarium* (5). »

Il y avait toutefois doute sur la question de savoir si le cénotaphe rendait un lieu religieux (6).

De plus le dépôt du corps et la cérémonie funèbre ne suffisaient pas à cet effet; et il fallait tenir compte encore de certaines conditions rigoureuses et absolues. Ainsi, le propriétaire seul pouvait consacrer la terre où il déposait le mort; l'usufruitier, et à plus forte raison, le premier venu n'aurait pas eu ce droit. Le co-propriétaire devait obtenir l'agrément des autres ayant droit (7); et c'était sans doute par voie de conséquence qu'il n'était pas permis d'enterrer dans un lieu

---

(1) Fustel de Coulange, *Cité antique*, liv. I, chap. II.
(2) Ovide, *Fastes*, 2, 533 et suiv.
(3) Cicéron, *de Leg.*
(4) Virgile, *En.*, 6, v. 212-3, v. 62, v. 301.
(5) Boissier, *La religion romaine*, 2, 276. — Orelli, 6086.
(6) *Dig..*, 1, 8, 6, 5. — *Id.*, 7.
(7) *Instit.*, 2, 1, 9.

public (1). Il fallait de plus qu'une certaine distance fût observée entre le fonds consacré et le fonds voisin (2).

Si ces conditions n'étaient pas remplies, le terrain ne devenait pas religieux, et le propriétaire avait une action *in factum* perpétuelle (3) pour demander qu'on enlevât le corps, ou qu'on lui payât le prix du terrain. Cependant, il devait attendre qu'un décret du pontife ou du prince lui en accordât l'autorisation; il n'aurait pu procéder lui-même à cet enlèvement, sans encourir l'action d'injures.

Mentionnons encore une prescription de la loi des *Douze Tables*, toujours demeurée en usage, et par suite de laquelle aucun mort ne pouvait être enseveli dans l'intérieur de Rome (4).

§ 2. Choses sacrées. — Les choses sacrées étaient celles qui étaient consacrées aux dieux supérieurs.

Rome était, ainsi que toutes les cités antiques, fort jalouse de la protection des dieux, et elle ne négligeait rien pour les honorer. De nombreux collèges de prêtres étaient fondés en leur honneur, et le tribunal des pontifes qu'entourait une vénération extraordinaire décidait de tous leurs intérêts. « *Divis aliis alii sacerdotes, omnibus pontifices, singulis flamines sunto* », dit Cicéron (5). La juridiction des pontifes était générale et souveraine.

Il est donc naturel qu'on ait construit pour les dieux des temples d'une magnificence proportionnée au respect qu'on leur portait. Le nombre en devint considérable pour deux raisons. La première, c'est que Rome tout en gardant une estime particulière pour ses dieux propres, dont elle ne voulait

---

(1) Cicéron, *de Leg.*, 2, 23.

(2) *Dig.*, 11, 8, 3.

(3) *Dig.*, 11, 7, 2, §§ 1 et 2. — *Id.*, 7. — *Dig.*, 11, 8, 4.

(4) Cicéron, *de Leg.*, 2. « Hominem mortuum in urbe ne sepelito neve urito. »

(5) *De Legibus*, 2, 8.

même point dire le nom (1), accueillit facilement les dieux étrangers dont elle espérait se faire des alliés. La seconde, c'est que tous les accidents de la vie ou de la fortune présentaient pour elle une manifestation spéciale de la divinité qu'il fallait reconnaître par un culte. Tels furent d'abord les dieux indigènes mentionnés sur des registres spéciaux, les *indigitamenta*, qui présidaient à tous les actes de la vie : « Vaticanus, Fabulinus, Educa, Potina... » Telles étaient encore les divinités que mentionne Cicéron, comme la Fortune *hujusce diei*, vouée, dit Plutarque, par Catulus, la Fortune *respiciens et comes*, etc... (2).

Les lieux consacrés par des temples étaient hors du commerce. « *Res sacra non recipit estimationem* (3) ; » toute stipulation dont ils auraient fait l'objet eût été inutile (4). Ils étaient imprescriptibles et inaliénables (5) ; et même après la démolition de l'édifice le sol restait sacré. Tout le monde avait l'interdit populaire pour les faire respecter. Toute atteinte portée à leur sainteté était punie des peines les plus sévères (6) et non contents de punir le coupable, les Romains s'imposaient des sacrifices publics expiatoires (7).

Aussi les temples ne pouvaient-ils être consacrés que d'une façon solennelle, et après un acte émané des pouvoirs supérieurs de l'État. Ce fut le Sénat d'abord et le peuple qui votèrent la *dedicatio*. Plus tard le droit de l'ordonner et de la faire passa au prince. Un particulier n'aurait pu rendre lui-même sa propriété sacrée (8). Toute consécration irrégulière

----

(1) Macrobe, *Saturn*, l. III, chap. IX. Le nom secret de Rome fut, paraît-il, *Valentia*.

(2) Bouché-Leclercq, *Les Pontifes de Rome*.

(3) *Dig.*, 1, 8, 9, 5.

(4) *Instit.*, 3, 23, 5.

(5) *Instit.*, 2, 6, 1.

(6) *Dig.*, 48, 13, 6.

(7) Tite-Live, 29, 18 et 19.

(8) *Dig.*, 1, 8, 6, 3. « Sacra loca ea sunt quæ publice sunt dedicatæ non private. »

est nulle, et c'est en effet ce qui fut jugé par les pontifes
dans le procès de Cicéron dont la demeure avait été consacrée par Clodius sans l'autorisation du Sénat. La consécration
était faite par un magistrat supérieur, plus tard par des délégués spéciaux, qui devaient tenir les battants de la porte en
prononçant les paroles rituelles. On devait toutefois s'abstenir
de consacrer aux dieux dans la ville un bois, dans la campagne, un champ.

Dans les provinces où l'esprit trop rigoureux des jurisconsultes n'admettait ni la propriété pleine et entière, ni l'application complète du droit romain, mais seulement une image
et une fiction de celui-ci, l'édifice destiné aux dieux n'était
point sacré, mais il était considéré comme tel.

Il n'est pas sans exemple que certaines portions des territoires sacrés eussent été enlevées à leur destination, et vendus (1); mais il fallait d'abord user de cérémonies expiatoires,
et obtenir le consentement du sénat.

Les objets mobiliers consacrés au culte avaient joui de la
même faveur, et étaient également inaliénables (2), mais les
empereurs chrétiens en permirent l'aliénation pour nourrir le
peuple en cas de famine, racheter les prisonniers et payer les
dettes de l'Église.

§ 3. **Choses saintes.** — Les choses saintes sont celles
qui ont été mises à part des autres, par les sanctions qui les
protègent. On y comprend les murs et les portes des villes, non
seulement de Rome, mais des municipes (3). Au début, il ne
fallait sans doute y voir que les effets d'une consécration religieuse; toutefois cette tradition s'effaça; et il n'en resta qu'un
souvenir vague dans l'idée que ces choses « *quodammodo
juris divini sunt* (4) ».

(1) Appien, *Guerre de Mithridate*, 29.
(2) Code, 1, 2, 21.
(3) *Dig.*, 1, 9, 4.
(4) Gaius, 2, 8.

Au reste, la loi civile les avait prises énergiquement sous sa protection. Les murs ne pouvaient être vendus ni usucapés, et un interdit populaire les protégeait aussi bien que la vigilance des magistrats qui en avaient la garde. Il était défendu d'y adosser des constructions, dans la crainte des incendies; il était défendu de les réparer ou d'y rien ajouter sans la permission du prince; et celui qui aurait tenté de les franchir à l'aide d'échelles se serait exposé à la peine de mort (1).

Une loi édictait pour toute transgression de ce genre les peines du péculat (2).

SECTION V

CHOSES PUBLIQUES DE DROIT HUMAIN

Les Romains ne nous ont pas laissé une définition véritable, de ces choses; nous trouvons seulement chez Ulpien une énumération qu'il faudra compléter : « *Publici loci appellatio quemadmodum accipiatur Labeo definit ut et ad areas, et ad insulas et agros, et ad vias publicas itineraque publica pertineat* (3). »

Fidèles à notre méthode nous allons ici encore étudier les choses qui réunissent les deux conditions essentielles de la publicité, c'est-à-dire l'inaliénabilité et l'imprescriptibilité. Parmi les choses publiques terrestres, ces qualités s'appliquent aux monuments publics et aux routes; parmi les choses publiques du domaine des eaux, elles sont attribuées à la mer, aux rivages, aux fleuves navigables et aux étangs publics.

§ 1. **Édifices publics.** — Les édifices publics étaient ceux qui étaient construits aux frais du Trésor ou aux frais des

_____

(1) *Dig.*, 1, 8, 11.
(2) *Dig.*, 48, 13, 11.
(3) *Dig.*, 43, 8, 2, 3.

particuliers pour l'usage public. Après l'époque des rois le soin en fut commis aux magistrats supérieurs, aux consuls, et plus tard, quand la censure eut été créée, aux censeurs. Ceux-ci devaient présider à leur entretien et à leur construction, au moyen d'adjudications faites à des entrepreneurs (1), comme nous le verrons bientôt. Le Sénat assignait sur le Trésor les sommes nécessaires à ces travaux.

Dans les provinces constituées à l'image de Rome, ce-sont les décurions qui votent les fonds publics, et les duumvirs qui font exécuter les travaux. Telle est l'explication bien connue des deux lettres **D. D.** (*decurionum decreto*) qui se lisent dans une foule d'inscriptions municipales. Les fonds étaient pris sur les *vectigalia*, parfois sur une imposition extraordinaire (2) avec l'autorisation de l'empereur.

Sous l'empire l'autorité du prince et de ses représentants se substitua de bonne heure à celle des sénats municipaux; c'est ainsi qu'il fallut demander au proconsul d'autoriser la dédicace d'une statue en l'honneur d'un citoyen (3). Quand les curateurs des villes furent nommés par le *præses*, ils eurent la charge de passer les contrats avec les entrepreneurs de travaux publics. Ils demeuraient pendant quinze ans responsables de la bonne exécution de ces travaux.

Les édifices publics étant inaliénables, il en résultait que les usurpations pouvaient toujours être reprises, et ce fut en effet souvent le rôle des censeurs (4). D'autres inscriptions nous montrent le même rôle rempli soit par des questeurs (5), soit

______

(1) Liv., 40, 46. « Censoribus deinde postulantibus ut pecuniæ summa sibi qua in opere publica uterentur attribueretur, vectigal annuum decretum est. »

(2) Code Théod., 15, 1, 2.

(3) Orelli, 6906. — *Dig.*, 1, 16, 7, 1. — *Dig.*, 6, 3, 1. — Code, 21, 31, 3.

(4) Tite-Live, 43, 16; 39, 44.

(5) Orelli, 3262. « Ex auctoritate imp. Cæsaris Vesp. Aug. loca publica a privatis possessa. T. Suedius Clemens Tribunus causis cognitis et mensuris factis restituit. » — Orelli, 3, 257. « Q. Ravelo p. Cominio c. f. Lucio Malio c. f. Quaistores senatud consoluere iei censuere aut sacrom aut poublicom esse locom. »

par des tribuns. Quand il s'agit d'un terrain sacré, on employa le ministère des pontifes ou des augures (1).

On ne pouvait acquérir de servitudes sur les édifices publics. Un rescrit des empereurs Arcadius, Honorius et Théodose ordonne au propriétaire d'un terrain qui avoisine un édifice public de ne pas construire à une distance moindre de quinze pieds, sous peine d'être obligé à démolir (2). La distance entre particuliers n'était que de douze pieds (3). D'autres règlements administratifs déterminaient la forme et la hauteur des maisons (4), la distance qui doit exister entre les balcons sur une rue (5); et il est souvent fait mention dans les textes d'un état de lieux primitif (*vetus forma*) auquel les intéressés doivent se conformer. La peine prononcée était la destruction de l'édifice et une amende qui frappait même l'architecte et l'ouvrier (6).

En dehors de l'action protectrice de la police, le particulier auquel aurait nui l'édifice construit sur un terrain public pouvait agir par lui-même. Il avait le droit d'invoquer l'interdit « *ne quid in loco publico* ». Il fallait toutefois qu'il eût éprouvé quelque dommage, que la construction n'eût pas été achevée au moment de la plainte; l'interdit étant prohibitoire, non restitutoire (7).

Diverses mesures étaient prises afin de lever rapidement toute opposition et de permettre l'achèvement des travaux. L'affaire était portée d'abord devant un *arbiter*, sans doute délégué du préfet de la ville, et sur l'appel jugée d'une façon sommaire par celui-ci (8).

(1) Orelli, 3261. — Wilmans, 844.
(2) Code, 8, 10, 9.
(3) Code, 8, 10, 12, 2.
(4) Code, 8, 10, 1.
(5) Code, 8, 10, 11.
(6) Code, 8, 10, 12, 5.
(7) *Dig.*, 43, 8, 2.
(8) Code, 8, 10, 12, 7. — Il semble que ce soit encore la procédure décrite par Gaius, IV, 163.

Voies de communications. — Les routes
sont à la fois instruments de politique et de commerce ; mais
les Romains ne s'attachèrent généralement qu'au premier point
de vue. Les routes merveilleuses qu'ils ont tracées dans le
monde entier étaient destinées aux transports des troupes et
des dépêches, « *cursus publicus* ». L'intérêt des populations
riveraines, et la création de débouchés commerciaux n'entraient
dans leurs considérations que d'une façon secondaire. On
laissait volontiers les peuples sujets se pourvoir eux-mêmes,
et l'on cite comme une exception le soin que prirent deux
censeurs, sous la République, d'affermer la construction d'une
route municipale (1).

Nous ne serons donc pas surpris de voir le droit romain bien
plus net et précis au sujet des routes militaires qu'au sujet des
autres routes. Il témoigne fidèlement des préoccupations exclu-
sives de ses auteurs.

Il y a, dit Ulpien, trois catégories de routes : les routes publiques, qu'on nomme prétoriennes, consulaires et militaires ;
les routes privées ou agraires destinées aux communications
dans la campagne ; les routes vicinales, destinées aux communications des villes ou des bourgs (2).

Les premières sont incontestablement publiques ; ce sont
elles dont la carte de Peutinger nous retrace les longueurs
immenses et qui servaient à porter jusqu'au fond de l'empire
les ordres et les légions de Rome. Construites par les magistrats
supérieurs de Rome, elles en portaient le nom, et leur entretien
devint sous l'Empire un honneur et une charge considérable (3).

La situation des deux autres est moins nette ; car après avoir dit
des routes agraires qu'elles sont privées, (§ 22), Ulpien ajoute
qu'elles peuvent aussi être publiques (§ 23) ; — et après avoir
qualifié les routes vicinales de l'épithète de publiques, le même
auteur admet dans le même paragraphe qu'elles sont parfois

(1) Tite-Live, 41, 27.
(2) *Dig.*, 43, 8, 2, 22.
(3) Pline, *Epist.*, 5, 15.

propriété privée. En réalité ces contradictions bizarres tiennent à ce que le nom d'une route n'est pas une marque certaine de sa condition, et qu'il faut chercher ailleurs le véritable critérium. Ulpien nous le fournit lui-même un peu plus haut (§ 21). La route publique est celle dont le sol est public, et dont la direction et la largeur ont été déterminées par celui qui a le droit de la déclarer publique, et de la consacrer aux communications et à l'usage public. — La route privée, au contraire, est celle dont le sol est privé et constitue une propriété particulière.

Cela serait fort clair si les titres existaient toujours. Au moins est-ce la seule manière d'établir la qualité d'une route? Malheureusement non. — On peut supposer que le constructeur d'une route privée a entendu la soumettre à une servitude légale de passage public (1). C'est ce qui arrive, quand prenant son point de départ sur la voie consulaire, la route est faite pour pénétrer dans une villa, dans une colonie agricole, ou pour se rattacher à un chemin qui y mène. En ce cas, Ulpien est d'avis de déclarer la route publique. Il n'y a de vraiment privées que les routes qui sont exclusivement d'exploitation; et encore peuvent-elles être grevées de servitudes prédiales au profit des champs voisins.

Les routes vicinales, c'est-à-dire les routes comprises dans l'intérieur des villes, et celles qui y conduisent, peuvent être publiques ou privées. — Elles sont généralement publiques et c'est en ce sens qu'il faut admettre les présomptions légales (2). Aussi l'entretien de ces routes par des particuliers, ne serait pas regardé comme une preuve qu'elles sont propriété privée, car l'intérêt seul de ceux-ci suffirait à expliquer leur intervention (3). Il faudra donc qu'ils avancent des preuves très sérieuses de leur

____

(1) « Privatæ viæ dupliciter accipi possunt. — Vel hæ quæ sunt in agris quibus imposita est servitus ut ad alterius agrum ducant — vel hæ quæ ad agros ducunt per quas omnibus permeare liceat in quas exitur de via consulari.., has ergo... putem etiam ipsas publicas esse. » (*Dig.*, 43, 8, 2, 23.)

(2) *Dig.*, 43, 7, 3.

(3) *Dig.*, 43, 8, 2, 22.

prétention. — La route vicinale publique se distingue des routes militaires en ce qu'elle aboutit non à Rome, mais à une route militaire quelconque, ou finit par se perdre sans issue (1).

En résumé on voit que les routes militaires seules faisaient partie du domaine public de l'État. Les autres routes rentraient soit dans le domaine public municipal, soit dans la propriété privée ; seulement en général, la présomption était en faveur de la publicité. Les magistrats municipaux s'occupaient spécialement des chemins vicinaux et les faisaient construire et réparer aux frais des propriétaires et des citoyens, par voie de corvée et de contributions (2).

Quelques servitudes d'intérêt public étaient l'accessoire naturel de ce régime et se trouvaient imposées aux riverains. Telle était la servitude de fouille, et d'extraction de matériaux, moyennant indemnité (3). Quand la route était devenue impraticable, même par un cas de force majeure, le voisin devait supporter le passage (4).

Les routes urbaines donnaient lieu à quelques servitudes particulières. Les riverains étaient chargés des frais de premier établissement, de l'entretien et du nettoyage des aqueducs à ciel ouvert et des égouts. A défaut du propriétaire, les locataires devaient remplir ces obligations et imputer le prix de leurs travaux en déduction de leurs loyers.

S'il fallait chercher une explication aux incertitudes et aux retours de théorie, que nous sommes obligés de constater, nous la chercherions dans l'histoire même. Rome était d'abord une ville municipale, enfermée dans d'étroites limites : la théorie concernant le régime des routes urbaines et des routes créées par les magistrats eut le temps de s'affermir. Il n'en fut pas de

______

(1) *Dig.*, 43 7, 3.

(2) Sic. Flaccus *de Cond.*, *agror*, 11-27. « Vicinales autem viæ, de publicis quæ vertuntur in agros, aliter muniuntur per pagos, id est per magistratus pagorum qui operas a possessoribus ad eas tuendas exigere solent. »

(3) Frontin, 125.

(4) Cic., *pro Cecina* — 19. *Dig.* 8, 6, 14, 1.

même des autres. Rome grandit trop vite. L'Italie, la Sicile, l'Espagne, l'Afrique, l'Orient, les Gaules en moins de deux siècles tombèrent successivement entre ses mains. On n'eut le temps ni de tout prévoir, ni de tout organiser. Ni les publicains qui profitaient d'un état de choses mal défini, ni le peuple qui aimait mieux demander des terres à Rome, que de les recevoir ailleurs (1), ni les chefs ambitieux qui se servaient tour à tour des convoitises du Sénat, des chevaliers et de la plèbe, ne s'occupèrent beaucoup de régler les choses du domaine public. Il en résulta un état juridique sans précision, où les coutumes, le droit de possession traditionnelle et quelques principes juridiques étaient mêlés un peu confusément. — Les jurisconsultes recueillirent cet héritage en désordre; ils s'occupèrent d'y introduire de l'ordre et des classifications. Ils ne devaient pas y réussir. Seule une autorité puissante aurait pu procéder à une telle revision. Or le Sénat impérial était trop faible pour entreprendre une œuvre désintéressée et de longue haleine; le prince était trop fort, pour ne pas essayer de dissimuler son pouvoir. L'œuvre ne fut jamais accomplie.

§ 3. **La mer et ses rivages.** — La première pensée qui vint aux juristes en présence de la mer, fut que cette immensité liquide, par sa nature, n'a point et ne peut point avoir de possesseur; qu'il est naturel de la considérer comme un patrimoine commun dont chacun se sert sans se l'approprier; que cependant celui dont l'industrie parviendrait à la dompter dans une certaine mesure, et à y assujettir quelque chose de fixe (*qui pilas in mare jecerit*) devrait être considéré comme le maître de ce qu'il aurait créé, sauf à perdre ses droits éphémères dans le cas où sa construction serait anéantie. — La seconde pensée fut qu'il y avait un intérêt public à rendre toujours l'accès de la mer facile, et que toute œuvre de nature à y mettre obstacle, devrait être soumise à une autorisation.

Les rivages, c'est-à-dire la portion de terrain qui est sou-

____

(1) Tite-Live, 3, 1.

mise à l'action directe de la mer, et qu'elle peut recouvrir à
l'époque des grandes marées, ayant en droit les mêmes caractères que la mer côtière ont éprouvé la même fortune juridique,
et ont été régis par les mêmes dispositions.

La mer touchait aux grandes propriétés du Latium, de la
Campanie, du Picenum, etc..., elle en partagea le sort. On n'i-
gnore point quelle était l'économie rurale de l'Italie et du
monde romain. Les propriétés, peu divisées, étaient entre les
mains de citoyens riches qui faisaient valoir leurs terres, ou les
terres qui leur étaient affermées par l'État. Mille causes
concouraient à accroître cette concentration : acquisitions ou
vols de petites propriétés (1), usurpations du domaine public (2),
complicité de lois proposées par les tribuns (3), ou votées par
des sénateurs usuriers (4), sans doute aussi profits honorables
d'une bonne administration, et défrichements autorisés par
les sénatus-consultes (5). Quand il voulait rentrer dans ses
droits, le Trésor était bien souvent frappé d'impuissance (6).

Horace nous montre avec quelle confiance de propriétaire
le fermier de l'État agissait sur les domaines dont il avait la
disposition :

> Contracta pisces æquora sentiunt
> Factis in altum molibus; huc frequens
> Cœmenta demittit redemptor
> Cum famulis, dominusque terræ (7)
> Fastidiosus.

(1) Horace, *Carm*, 2, 18. — Appien, *Guerre civ.*, 1, 17.

(2) Lois de Licinius Stolon. — Cicéron, *de Leg. agraria*, 2, 15. — Appien,
1, 10 et 27. — Live-Tive, *Épit.*, 58. — Cicéron dévoile dans son discours
contre la loi agraire toutes les opérations financières qui pouvaient se cacher
sous le masque d'une *lex agraria*.

(3) Appien, *Guerre civ.*, 1, 18. — Cicéron, *de Leg. agr.*, 1, 1.

(4) Cicéron, *ad Att.*, 5, 21; 6, 1 et 2.

(5) Cicéron, *de Leg. agr.*, 1, 1. — Appien, *Guerre civ.*, 1, 18.

(6) On était obligé d'envoyer des consuls pour reprendre les terres publiques de Campanie, en l'an 72 avant Jésus-Christ (Tite-Live, 42, 1 et 19), et
parfois on devait se contenter d'imposer un vectigal (Cicéron, *de Leg. agr.*,
2, 30).

(7) Horace, *Carm.*, 3, 1; — *id.*, 2, 18; 3, 24.

Il n'est guère probable que ce *redemptor*, qui répudie son vieux titre de *possessor*, et s'attribue le plein *dominium* de la terre, que ce maître ennuyé de tant de familles d'esclaves, se fût inquiété beaucoup d'une autorisation fort inutile. Plutarque nous fait également connaître les occupations luxueuses de Lucullus... « les ouvrages prodigieux qu'il faisait construire sur le rivage de la mer près de Naples, ces montagnes percées et suspendues par de grandes voûtes, les canaux creusés autour de ses maisons, pour y faire entrer les eaux de la mer, et ouvrir aux plus gros poissons de vastes réservoirs, ces palais bâtis au sein de la mer même (1). » Lucullus ne s'était certainement pas donné la peine de demander une autorisation, il comptait suffisamment sur son crédit et sur celui de ses amis pour éviter à ce sujet toute réclamation indiscrète.

L'État fut donc longtemps dans l'indifférence à l'égard de la mer et de ses rivages. La législation ne s'en occupait point, et les considérait comme choses communes, à l'égard desquelles le droit du premier occupant était le meilleur (2). Tout au plus protégeait-on le particulier dont le droit s'était trouvé injustement lésé; le pêcheur à qui on interdisait de pêcher dans la mer, ou d'étendre ses filets sur le rivage avait l'action d'injures (3); celui qui était gêné par une construction établie sur le rivage sans autorisation, avait un interdit utile dont la qualification même indique une date assez tardive (4).

Cependant les idées progressent ; Labéon le novateur estime qu'il y a lieu de délivrer un interdit pour faire disparaître

______

(1) Plutarque, *Lucullus*, 56.

(2) « Si pilas in mare jecerim et supra eas ædificaverim, continuo ædificium meum fit. Item si insulam in mari ædificaverim, continuo mea fit; quoniam id quod nullius fit, occupantis fit. » (*Dig.*, 41, 1, 30, 4.)

(3) « Si quis in mari piscari aut navigare prohibeatur, non habebit interdictum, quem admodum nec is qui in campo publico ludere, vel in publico balines lavare aut in theatro spectare aræatus; sed in omnibus his casibus injuriarum actione uberdum est. » (*Dig.*, 43, 8, 9.)

(4) « Adversus eum qui molem in mare jecerit, interdictum utile competit ei cui forte hæc res nocitura sit; si autem nemo damnum sentit, tuendus est is qui in littore ædificat vel molem in mare jacit. (*Dig.*, 43, 8, 8.)

toute construction qui s'opposerait à la navigation, soit sur la mer, soit sur le rivage, (1) et Justinien qui vient de nous rapporter l'opinion un peu archaïque que la mer est commune, juxtapose bientôt à ce texte l'idée plus récente que la mer et ses rivages servent aux usages publics (2). Il s'est donc fait un changement ; et ce qui est encore plus précis pour l'affirmer, ce sont les opinions des jurisconsultes qu'on retrouve au *Digeste*. Celse (3) nous dit que les rivages qui font partie de l'Empire romain, appartiennent au peuple romain. Javolenus (4) nous dit que le rivage est public dans toute la partie que recouvrent les hautes eaux.

La conséquence directe de cette opinion fut d'admettre la surveillance de l'autorité sur les constructions élevées au bord de la mer. C'est en effet ce que supposent la plupart des textes (5).

§ 4. **Des cours d'eau**. — L'eau considérée comme élément est une chose commune, et les *Institutes* l'ont reconnu. Elle change, en effet, et se renouvelle sans cesse, et par là même se dérobe à toute appropriation absolue.

(1) *Dig.*, 43, 12, 1, 17.

(2) *Instit* , 2, 1; 1 et 5.

(3) « Littora in quæ populus romanus imperium habet, populi romani esse arbitror. » (*Dig.*, 43, 8, 3.)

(4) « Littus publicum est eatenus, qua maxime fluctus exæstuat. » (Dig., 50, 16, 112.)

(5) « Quamvis quod in littore publico vel in mari extruxerimus nostrum fiat, tamen decretum prætoris adhibendum est, ut id facere liceat. Imo etiam manu prohibendus est si cum incommodo ceterorum id faciet, nam civilem eum actionem de faciendo nullam habere non dubito. » Pomponius. (*Dig.*, 41, 1, 50.)

« In littore jure gentium licere ædificare, nisi usus publicus impediret. » Scevola. (*Dig.*, 43, 8, 47.)

Un texte d'Ulpien (*Dig.*, 39, 1, 1, 18) n'est peut-être pas inconciliable avec les précédents si l'on suppose qu'il a voulu seulement interdire la violence, et réserver l'action au préteur : « Quod si quis in mare vel in littore ædificet, licet in suo non ædificet jure tamen gentium suum facit. Si quis igitur velit ibi ædificantem prohibere, nullo jure prohibet : neque opus novum nunciare nisi ex una causa potest, si forte damni infecti velit sibi caveri. »

Il n'en est pas ainsi de la forme qu'elle affecte sous le nom de fleuve ou de rivière. Coulant dans un lit invariable, indépendante des molécules qui la composent, elle revêt la nature tangible du fond qu'elle traverse ; tandis que les facilités de navigation et d'irrigation, les usages divers auxquels elle se prête, et constituent des droits de la plus haute importance.

Considérer les fleuves comme une route naturelle, mise libéralement dans le patrimoine commun de tous les hommes, et par suite en consacrer la publicité, est une pensée belle et juste ; mais elle n'a peut-être pas toujours été admise. Pour nous renfermer dans le terrain du droit, nous voyons à la vérité Justinien proclamer dans les *Institutes* que tous les fleuves sont publics ; et peut-être, à entendre par là tous les cours d'eau d'une certaine importance, la chose était-elle vraie de son temps. Mais on voit aussi dans le *Digeste* que ce principe n'existait pas autrefois, et que les fleuves mêmes pouvaient appartenir à des particuliers. Nous aurons donc plusieurs questions à résoudre ; 1° Qu'entendait-on par fleuves ? — 2° Comment s'établissait leur caractère public ou privé ? — 3° Comment était réglée la propriété de leurs différentes parties ? — 4° Quel était leur régime ?

1° On distinguait le *flumen* et le *rivus*. Mais le critérium donné par Ulpien est bien empirique. C'est, dit-il, l'importance du cours, et l'opinon des habitants qui les distinguent l'un de l'autre. Peu importe qu'ils coulent toute l'année, ou seulement l'hiver ; les torrents sont compris dans les *flumina* (1). Du reste tous les fleuves ne sont pas publics (2) et tous les *rivi* ne sont pas privés. Il nous paraît plus simple de relever le caractère général que leur assignent les deux titres du *Digeste*, de *Fluminibus* et de *Rivis*. Or nous voyons que le premier traite surtout de la navigabilité, le second de l'irrigation. Les

(1) *Dig.*, 43, 12, 1 ; 1, 2.
(2) *Dig.*, 1, 8, 4, 1.

cours d'eau navigables seront donc des fleuves, les cours d'eau propres à l'irrigation seulement, des *rivi*.

2° La publicité, qui n'est pas attachée au nom de *flumen*, dépend de deux conditions, de la perennité et de la navigabilité (1) ; toutefois ces deux conditions ne sont pas suffisantes, car il se pourrait que l'interdit populaire ne fût pas applicable à certains fleuves en raison de leur caractère de propriété privée (2). Il y a, en effet, un texte fort important d'Aggenus Urbicus qui prouve que lors du partage des terres conquises, les fleuves ont été attribués comme les autres propriétés : « *Multa flumina et non mediocria in adsignationem mensuræ antiquæ ceciderunt* » (1. 70). Sans doute ce n'était qu'une exception ; mais il fallut toujours en tenir compte ; et si plus tard, les conquêtes et les *adsignationes* cessèrent, on respecta les droits de propriété acquis et consacrés par des cérémonies religieuses incontestables. Au cas où les preuves et les témoignages faisaient défaut, rien n'empêchait d'étendre aux fleuves la présomption légale de publicité que nous avons signalée pour les chemins.

3° Dans les fleuves publics, les rives étaient publiques également. On entendait par rive tout le terrain que couvre le fleuve coulant à pleins bords ; on n'y comprenait pas l'espace recouvert dans les débordements, on n'en retranchait point l'espace abandonné dans les basses eaux (3). Le mot de *ripa* était aussi employé pour signifier les francs bords, où le batelier pouvait attacher sa barque et déposer un fardeau ; mais alors cette partie du fleuve n'était soumise, comme aujourd'hui, qu'à une servitude d'utilité publique ; la propriété demeurait au riverain.

Le lit du fleuve était considéré comme une portion des champs avoisinants, détachée de la propriété totale pour l'usage public, par le fleuve ; lequel avait rempli le rôle de *censitor*, et par le fait déclaré (*addixerat*) quel était le domaine public, quel était le domaine privé (4). — Il était public au moment où coulait le

(1) *Dig.*, 43, 12, 3 ; — *id.*, 43, 12, 1, 12.
(2) *Dig.*, 43, 12, 1, 4.
(3) *Dig.*, 43, 12, 3, §§ 1 et 2.
(4) *Dig.*, 41, 1, 30, §§ 1 et 3.

fleuve (1), mais il pouvait cesser de l'être, « *cessante causa, cessat effectus* ».

D'où plusieurs conséquences. L'alluvion était considérée comme une restitution (*restituit*) du fleuve qui se contentait d'une portion moindre, ou autre, et par conséquent retournait au fonds, d'où elle était présumée prise. L'arbre qui naissait sur la rive intérieure revenait au propriétaire du fonds pour le même motif; et l'île née au milieu du fleuve appartenait également aux riverains; c'était un retrait du fleuve qui abandonnait des droits antérieurement acquis. Seulement, comme il pouvait y avoir des propriétaires de chaque côté, afin de déterminer leurs parts, on traçait une ligne de partage idéale suivant le milieu de la rivière, et chacun prenait ce qui se trouvait de son côté (2). — Une fois cette propriété attribuée, elle était aussi pleine que celle du fonds riverain. Par conséquent, si le caprice de l'eau avait fait qu'une première île, située uniquement d'un des côtés de la ligne médiane, eût été attribuée à un seul riverain, c'est du bord même de celle-ci, et non du bord primitif de la rive qu'on serait parti pour calculer les droits à une seconde île parallèle, née dans le plus gros bras du fleuve (3).

L'île flottante ne rentrait pas dans cette catégorie et restait propriété publique; c'était en effet plutôt une production du fleuve qui la portait avec lui, que du sol auquel elle ne touchait pas.

Le champ séparé des terrains avoisinants (*per circumluvionem*) n'a jamais été soustrait à son propriétaire; et bien qu'il soit maintenant entouré par les eaux, comme la marque de propriété subsiste, le droit d'alluvion ne s'exerce pas.

Le droit d'alluvion faisait aussi défaut dans le cas où le champ riverain aurait été *limitatus*. Il ne peut être question de resti-

----

(1) *Dig.*, 43, 12, 1, 7.
(2) *Dig.*, *ibid.* — *Inst.*, 2, 1, 20.
(3) M. Accarias, *Précis du droit romain*, 2ᵉ édit., t. I, § 253. — *Dig.*, 41, 1, 65, § 1 et suiv.

tution là où la limite a été invariablement fixée. Il n'y a
lieu d'appliquer que le principe de l'occupation (1), plus facile
du reste au riverain qu'à tout autre. — C'est la même raison
qui faisait attribuer au premier occupant l'île née au sein de la
mer. Les anciens qui avaient peu étudié les effets considérables des érosions marines, et des mouvements volcaniques, ne
pensaient point que le sol occupé par les eaux pût avoir été
terrestre autrefois, ni que la mer eût des restitutions à faire.
L'île qui jaillissait de son sein était une libéralité pure, et le
premier occupant en devenait le maître.

Nous faisons rentrer dans le droit d'alluvion le cas où un
fleuve se retire peu à peu, jusqu'à en venir à un complet dessé-
chement. Les riverains se partagent le lit abandonné. —Il peut
en résulter une conséquence rigoureuse. Le fleuve abandonne
son lit pour s'en créer un autre aux dépens d'un fonds qu'il
envahit tout entier. Le propriétaire est absolument dépossédé ;
et cependant il n'aura aucun droit à prétendre sur le lit abandonné. Que plus tard le fleuve vienne à reprendre son ancien
cours, et abandonne le nouveau lit, le propriétaire dépossédé
qui n'a conservé aucune portion de terrain sur la rive ne pourra
rien réclamer sur le fonds découvert (2); cependant Gaïus trouve
cette décision peu équitable (3) ; et notre droit français l'a
rejetée. — Une légère atténuation avait lieu, si une route
bordait le fonds envahi ; elle était censée retenir une partie
du droit du propriétaire (4). Si malheureusement elle était
envahie elle-même, le fonds d'au delà de la route pouvait
étendre ses droits sans obstacle (5), et même au cas où l'eau
se serait retirée plus tard, et où la route serait devenue propriété publique, le propriétaire envahi n'aurait jamais retrouvé
ses droits.

4° Le voisinage des cours d'eau est l'occasion de plusieurs

(1) *Dig.*, 41, 1, 16; 43, 12, 1, § 6 et 7
(2) *Instit.*, 2, 1, 23.
(3) *Dig.*, 41, 1, 7, 5.
(4) *Dig.*, 41, 1, 30, 3.
(5) *Dig.*, 41, 1, 38.

droits utiles, dont le principal pour les Romains, peuple bien plus agriculteur qu'industriel, était le droit d'irrigation. Dans notre droit où la publicité des eaux dépend de leur navigabilité, la classification des eaux au point de vue de l'irrigation et de l'arrosage se trouve tout naturellement indiquée, et suit la classification principale. A Rome où la publicité n'était pas établie de la même manière, elle ne vient qu'en sous-ordre, et on est obligé de reprendre à ce point de vue spécial chacune des divisions que nous avons reconnues.

Parmi les fleuves publics on distinguait les fleuves navigables, et ceux qui ne l'étaient pas. Les premiers n'étaient soumis au droit de prise d'eau que si un décret d'autorisation était intervenu, les autres au contraire pouvaient être utilisés pour l'irrigation de plein droit, à moins qu'une défense n'eût été émise à ce sujet (1). Il fallait toutefois que l'usage des eaux n'allât point jusqu'à leur épuisement (2).

Parmi les fleuves privés il semblerait que les principes eussent dû faire reconnaître que le propriétaire en disposerait avec une liberté absolue; car, dit Ulpien, « *nihil differt a ceteris locis privatis flumen privatum* ». Cependant on avait apporté à cette libre disposition, une restriction de même nature que celle que nous avons signalée tout à l'heure. On n'aurait pas eu le droit de divertir complètement le cours d'une rivière, et celui même qui n'avait aucun droit à l'irrigation pouvait demander à rétablir le cours normal du fleuve « *ne omnes usus aquæ auferentur, et homines siti necarentur* » (3).

Ceux qui avaient le droit de se servir de l'eau étaient les riverains, « *accolentes* », pour quelque usage que ce fût (4) même purement voluptuaire. Il semble toutefois que l'interdiction de

---

(1) *Dig.*, 43, 12, 2. « Quo minus ex publico flumine ducatur aqua, nihil impedit, nisi imperator aut senatus vetet : si modo ea aqua in usu publico non erit; sed si aut navigabile est, aut ex eo aliud navigabile fit, non permittitur id facere. »

(2) *Dig.*, 43, 12, 1, 12.

(3) *Dig.*, 43, 21, 4.

(4) *Dig.*, 43, 20, 1, 11.

détourner le cours constituât à peu près ce que nous appelons
l'obligation de rendre l'eau à la sortie. La répartition de l'eau
se faisait en général conformément aux anciens usages. « *Uti
hoc anno, uti priore æstate* (1). » Dans les fleuves publics naviga-
gables, il n'était point permis de faire de changements aux prises
d'eau une fois établies, soit pour les agrandir, soit même pour
les changer de place(2). Quant aux fleuves publics non navigables, et aux *rivi* privés, il semble qu'on eût accordé d'assez
grandes facilités pour les travaux destinés à favoriser l'usage des
eaux. On ne rencontre pas, il est vrai, la servitude d'appui et de
barrage créée chez nous par la loi de 1847 ; mais il semble bien
que les Romains connaissaient au moins en partie la servitude
d'aqueduc. « Si quelqu'un veut placer dans une rivière une conduite ou une prise d'eau nouvelle qu'il n'avait pas auparavant,
Labéon dit qu'il pourra se servir d'un interdit utile ; et c'est
aussi notre opinion, dit Ulpien, pourvu qu'il n'en résulte aucun
inconvénient à l'égard du maître du champ (3). »

§ 5. **Canaux, lacs, étangs.** — Les canaux étaient
soumis au même régime que les fleuves ; la condition en était
bien mieux déterminée, puisque leur origine n'était jamais in-
certaine (4).

Les lacs et les étangs publics qui pouvaient servir à la navigation étaient protégés par l'interdit « *ne quid in loco publico* » ;
les lacs et les étangs privés étaient réservés à leur propriétaire.
La pêche était affermée sur les étangs publics(5), elle était libre
dans les fleuves et sur la mer (6).

§ 6. **Aqueducs.** — La nécessité d'avoir des eaux saines et
abondantes avait de bonne heure attiré l'attention des Romains.
Les aqueducs qui transportaient à Rome les eaux des montagnes

(1) *Dig.*, 43, 20, 3, 4; 8, 3, 17; 8, 5, 10.
(2) *Dig.*, 43, 13, 1, § 3 et 4.
(3) *Dig.*, 43, 21, 3, 2.
(4) *Dig.*, 43, 12, 1, 8.
(5) *Dig.*, 43, 14, 1, 7.
(6) *Instit.*, 2, 1, 2.

voisines étaient votés par le Sénat, qui en confiait l'exécution et la dépense aux magistrats, censeurs ou édiles. Le vieil Appius fut le premier qui amena à Rome l'*Aqua Appia*, et ceux qui lui succédèrent se disputèrent l'honneur d'attacher leur nom à de nouveaux ouvrages.

Plus tard, quand la fortune publique cessa d'être accrue et renouvelée par les contributions des peuples vaincus, et que le Trésor ne put tirer de la misère croissante des provinces que de maigres subsides, on n'entretint plus les aqueducs qu'au moyen de ressources extraordinaires, de l'argent des jeux, de corvées imposées aux citoyens, ou de prestations spéciales (1). Mais ce n'était plus un état normal.

A l'époque de l'Empire, l'eau était distribuée de la façon suivante. L'aqueduc qui pénétrait dans Rome se déversait dans des conduites de plomb aboutissant à de vastes châteaux d'eaux, où se faisait la répartition. L'*Aqua Appia* fournissait vingt châteaux à elle seule; l'*Anio Vetus* trente-cinq, etc... Là, au moyen de calices appliqués au fond des bassins, et communiquant avec des conduits souterrains, l'eau se rendait dans les lieux qui lui étaient assignés : dans les camps, dans les établissements publics, dans les théâtres, dans les propriétés de César, ou même chez des particuliers qui en avaient la concession. Généralement une redevance était exigée d'eux, et quand une concession était terminée on la remettait aux enchères (2).

Il en était de même dans les provinces, et les inscriptions nous ont conservé une loi de *Venafrum* sur l'établissement d'un aqueduc. L'eau doit être délivrée aux citoyens moyennant une redevance (*vectigal*); les tuyaux de conduite (*fistulæ*) seront de plomb, et ne s'écarteront pas du conduit principal (*rivus*) d'une distance de plus de 50 pieds. Ils doivent passer sous la voie publique, et ne traverser la propriété privée d'aucun citoyen malgré lui (3).

---

(1) Code Théod., 14, 1, 2, 3.

(2) Frontin, *de Aquæductu, passim*.

(3) Ceci paraîtrait prouver que le *rivus* seul était ublic, et que les *fistulæ* étaient considérées comme propriétés privées.

Deux décurions étaient préposés à l'exécution de cette loi, et les contestations portées devant le *reciperator*, jusqu'à concurrence de HS. X ; s'il était récusé, on procédait comme en vertu de la loi Julia.

Les travaux d'art nécessaires à la construction entraînaient des difficultés résolues par l'expropriation comme nous le verrons tout à l'heure, et étaient l'occasion de servitudes (1). Les riverains étaient tenus du curage ; ils ne devaient pas planter d'arbres sans observer une distance d'au moins 15 pieds (la loi de *Venafrum* ne parle que d'une distance de 8 pieds). Ils devaient souffrir la servitude de fouille, d'extraction de matériaux et par suite de passage.

En revanche on recommandait aux commissaires et aux entrepreneurs d'abîmer le moins possible les champs, où passait la conduite d'eau, et les murs en pierre sèche. Les matériaux inutiles devaient, d'après la loi de *Venafrum*, être répandus sur l'espace de huit pieds, qui restait libre ; et même le propriétaire pouvait demander la caution *damni infecti*.

Quelques inscriptions nous montrent des magistrats municipaux réparant à leurs frais les conduites, et le temple où elles aboutissaient (2).

SECTION VI

DROIT D'EXPROPRIATION. — ALIÉNATION DES CHOSES DU DOMAINE PUBLIC

L'expropriation était-elle connue à Rome ? On l'a nié sans preuves suffisantes (3). Depuis lors, les textes qui ont été réunis permettent d'y voir une chose habituelle, non seulement à Rome, mais aux simples municipes.

(1) Code, 42, 1, 11.
(2) Orelli, 3322.
(3) Proud'hon, *Domaine public*, 2, 198. — Laboulaye, *Histoire du droit de propriété*, 2, 1.

Africain examine les rapports du propriétaire et du locataire quand le fonds est exproprié : « *Si fundus quem mihi locaveris publicatus sit, teneri te actione ex conducto, ut mihi frui liceat quamvis per te non stet quominus id præstes* (1). »

Frontin nous apprend que l'on approuva fort un sénatus-consulte qui donnait une indemnité équitable à des propriétaires expropriés. — (Frontin, *de Aq.*, 127.)

Enfin la *lex Julia Genetiva*, 99, et l'*edictum de Aquæductu venafrano*, conçus à peu près de même, obligent les individus dont le champ est traversé par l'aqueduc à souffrir le passage, et à ne pas s'opposer aux travaux.

L'expropriation avait lieu en vertu, soit d'un plébiciste (2), soit d'un sénatus-consulte qui commettait au magistrat le pouvoir mal défini de faire le nécessaire, celui-ci fixait lui-même les indemnités généralement sans contrôle (3). Le droit du Sénat ou du peuple reposait sur l'omnipotence de l'État, principe commun à toutes les cités antiques. — Sous l'Empire le prince « *solutus legibus* » et muni de l'axiôme célèbre, « *Quod principi placuit legis habet vigorem* », hérita de la puissance illimitée et souveraine du peuple, et put se contenter d'un simple décret. On le voit, au titre *de Operibus publicis* du Code, ordonner la démolition de constructions gênantes, soit pour le palais, soit pour des édifices publics (4), ou révoquer les droits de concessionnaires sur les aqueducs (5).

L'indemnité consistait tantôt en une somme d'argent, tantôt en une concession de privilèges (6).

Contre les travaux publics régulièrement ordonnés il n'y avait pas de recours. « *Quod principis aut senatus jussu, aut ab*

---

(1) *Dig.*, 19, 1, 33. On peut citer encore à l'appui la loi 2, § 21, *ne quid in publico*, Cicéron, *ad Att.*, 13, 33, etc.

(2) Appien parle d'un plébiscite qui autorise la création d'une route. D'autre part, dans le *pro Domo*, on voit l'argumentation de Cicéron s'appuyer sur ce que le Sénat n'a point donné d'avis préalable.

(3) Cicéron, *ad. Att.*, 4, 2, Valde illiberaliter.

(4) Code, 8, 12, 5. — *Ibid.*, 14, — *Ibid.*, 17.

(5) Code, 11, 42, 6.

(6) Code, 8, 12, 9.

his qui primi agros constituerunt opus factum fuerit, in hoc judicium non venit (1). » — Toutefois si l'ouvrage était fait par un tiers en vertu d'une autorisation du prince, il en était autrement (2).

La contre-partie de l'expropriation, c'est l'aliénation du domaine public. Nous ne croyons pas que les Romains aient jamais eu de lois générales à ce sujet. Chaque déclassement du domaine public, chaque aliénation gratuite du domaine privé était l'objet d'une loi spéciale ; ou s'il s'agissait d'une aliénation à titre onéreux, le censeur en décidait après l'avis du Sénat. — Pour les grands partages qui étaient la suite des lois agraires, on préférait nommer des commissaires spéciaux chargés de l'*adsignatio*.

L'empereur n'eut plus recours à des sénatus-consultes. Il décidait souverainement ; et l'on peut voir par la correspondance de Pline avec Trajan, qu'il entrait dans des détails extrêmement menus (3). Quant aux biens qui rentraient plus spécialement dans le patrimoine des municipes, il y avait quelque distinction à faire, selon qu'il s'agissait de municipes italiens, ou de municipes provinciaux (4). Nous voyons en effet à la même époque, dans la même correspondance, que le sénat d'un municipe italien assigne une place pour mettre diverses statues, sans qu'il soit fait mention d'aucune autorisation impériale (5) ; et d'autre part, que les travaux relatifs à l'aqueduc et au lac de Nicomédie, au théâtre de Nicée, à la place publique d'Amastia (6), etc.... sont spécialement autorisés par l'empereur.

(1) *Dig.* — *Ibid.*, 39, 2, 15, 10.
(2) *Dig.*, 43, 8, 2, 10.
(3) *Lettres de Pline à Trajan*, 60. — *De balineo Prusiensium.*
(4) *Id.*, 50, 51. « Quum solum peregrinæ civitatis capax non sit dedicationis **quæ fit nostro jure.** »
(5) *Id.*, 9.
(6) *Id.*, 38, 40, 42, 103, etc. — *Dig.*, 6, 3, 1. — *Id.*, 39, 2, 15, 26.

CHAPITRE II

MODES DE PROTECTION DU DOMAINE PUBLIC PAR LES CITOYENS

Toute atteinte portée aux biens du domaine public lèse d'abord personnellement chacun des individus qui se trouvent privés de l'usage sur lequel ils avaient le droit de compter ; elle lèse aussi la société elle-même, c'est-à-dire la collection des individus pour laquelle le droit a été établi, et qui est menacée de le perdre. Par suite, la répression se concevra de trois manières :

1° Il se peut que le plaignant soit l'individu lésé cherchant à obtenir une réparation judiciaire du dommage qu'il éprouve, et que l'affaire se traite comme un *judicium inter privatos*.

2° Il se peut au contraire que le demandeur soit un membre quelconque de la société, agissant en cette qualité pour soutenir les droits communs.

3° Il se peut que le magistrat chargé de l'administration du domaine public, intervienne pour le défendre, et use souverainement du droit de répression qui lui est propre.

Les deux premiers modes appartiennent à la répression judiciaire privée ; — le troisième à la répression administrative.

SECTION PREMIÈRE

HISTOIRE DES INTERDITS POPULAIRES

En ce qui touche la répression privée, les Romains ne crurent pas que la procédure ordinaire fût à sa place. Ils ne trouvaient pas dans le droit invoqué des caractères qui permissent de donner lieu à une affirmation de propriété (*aio meum esse, aio te mihi dare oportere*), ils préférèrent en faire une classe à part, et employer une forme qui laissait de côté cette question pour ne mettre en avant qu'un ordre de magistrat. Ce fut la raison d'être des interdits (1).

Quelques efforts que l'on ait faits pour trouver l'étymologie véritable du mot, on n'est pas arrivé encore à quelque chose de satisfaisant. On sait seulement que leur origine se perd dans l'antiquité la plus lointaine, car si la procédure par *sacramentum* était antérieure aux Douze Tables (2), l'interdit *de arboribus cœdendis* et *de glande legenda* en étaient au moins contemporains (3). Les interdits constituaient un ordre à part, auprès des *legis actiones*. En effet celles-ci, avec leurs formes raides et symboliques, se prêtaient mal à la variété et à la flexibilité des intérêts; elles ne pouvaient être employées ni à l'égard de dommages futurs, ni à l'égard de troubles qui menaçaient l'ordre public. Les Romains, pour qui l'administration et la justice ne représentaient pas deux choses distinctes, confièrent à leurs magistrats supérieurs, consuls ou préteurs, le soin de remplir cette lacune au moyen d'une défense (*interdictum*) ou d'un ordre (*decretum*). C'est, en effet, au droit de commander (*imperium*) qu'ils rattachaient le droit de contrainte (*coercitio*) et le droit de justice (*jurisdictio*). D'ailleurs cette différence tranchée ne subsista pas toujours. On évita l'intervention violente de l'autorité, et même les choses d'intérêt public se traitèrent dans la forme juridique ordinaire. Ainsi, l'interdit populaire échappa à l'*imperium* du préteur pour rentrer dans l'*ordo judiciorum privatorum*, et fut soumis à la juridiction des jurés.

A cette époque les analogies sont nombreuses entre l'interdit et l'action; on prend même l'action pour le terme générique dont l'interdit n'est que l'espèce, et ce langage a longtemps persisté (4).

______

(1) M. Accarias, *Précis*, t. II, 2ᵉ édit., p. 1328-1329.

(2) Gaius, IV, 13 et 14.

(3) Pline l'Ancien, 16, 6. — Ulpien dit que l'interdit *de Arboribus cœdendis* était consacré par la loi des Douze Tables, (*Dig.*, 43, 27, 1, 8).

(4) Ulpien, *Dig.*, 44, 7, 37 : « Interdicta, quoque actionis verbo continentur, 18, 1. Ait prætor... vim fieri veto. Si qua alia actio... »

Cette assimilation résultait de deux raisons considérables, d'abord le nombre croissant des affaires dont le préteur était chargé et qui l'obligeait à recourir à l'aide de jurés, ensuite les progrès des habitudes juridiques. — Le moyen employé fut des plus simples : le préteur se contenta de considérer l'ordre ou la défense qu'il émettait comme conditionnels et de subordonner leur effet au jugement rendu par les jurés. — C'est ainsi que les interdits, nommés comme l'action, arrivèrent à former un véritable *judicium* et trouvèrent aussi leur place dans l'édit du préteur. La différence de l'action et de l'interdit consistait en ce que dans l'action le demandeur n'obtenait un droit effectif qu'après la décision des jurés auquel le préteur avait renvoyé l'affaire, disposée en formule, tandis que dans l'interdit le préteur émettait immédiatement un ordre d'après lequel toute contravention devait être sévèrement punie (1).

Deux autres progrès furent encore réalisés. — D'abord, quand l'interdit put de même que l'action donner lieu à une formule arbitraire, et que le défendeur put se justifier, ou satisfaire à la demande, sans être obligé de se soumettre à la *sponsio* (2). — Ensuite quand fut introduit l'usage des actions *in factum*, certainement postérieures aux interdits, et inspirées d'après eux.

Les interdits furent donc un des principaux moyens dont les préteurs se servirent pour faire respecter des droits qui n'étaient pas compris dans l'enceinte étroite des *legis actiones*. Aussi ne faut-il pas s'étonner de la place considérable et originale qu'ils ont occupée dans l'ancien droit, ni de leur dispari-

---

(1) *Dig.*, 43, 8, 7. « Sicut is qui nullo prohibente in loco publico ædificaverit, cogendus non est demolire ; ita qui adversus edictum (interdictum) prætoris ædificaverit, tollere ædificium debet alioquin inane et lusorium prætoris imperium erit. »

(2) Cicéron en parle comme d'une chose assez récente (*Pro Tullio*, 53) : « Si hodie postulem quod vi aut clam factum sit, tu aut per arbitrum restituas, aut sponsione condemneris, necesse est. » Gaïus, comme d'une chose passée depuis longtemps en usage (IV, § 141, 162, 165). — Bethmann-Hollweg, *Civil prozess.*

tion complète dans le nouveau. Le mécanisme en était trop subtil et trop compliqué pour l'unité administrative que les empereurs voulaient établir, et il cadrait mal avec la procédure de la *cognitio extraordinaria*. Celle-ci les remplaça partout ; un édit d'Alexandre permet au préfet de s'inspirer des interdits pour juger suivant l'équité. Sous Dioclétien ils ne sont plus compris, et Arcade et Honorius défendent d'en prononcer le nom (1).

SECTION II

CONDITIONS D'EXERCICE. — PROCÉDURE GÉNÉRALE

Les interdits relatifs au domaine public se présentent sous la forme des interdits populaires. Tandis que dans l'interdit privé, le plaignant alléguait un droit qui faisait partie de son patrimoine, dans l'interdit populaire, il alléguait un droit qui appartenait à tout le monde ; par conséquent, il y avait autant de personnes pouvant agir en justice que de citoyens. Il ne s'ensuivait pas que tout le monde fût également autorisé à se mettre en avant. La préférence appartenait à la partie lésée, c'était à elle que revenaient les compensations pécuniaires qui étaient le prix de l'interdit (2).

Si le principal intéressé n'agissait point, l'action passait à tout le monde, quand tous pouvaient avoir intérêt à ce que l'obstacle disparût (3). Ils ne faisaient, en effet, que défendre leur propre droit et leur propre intérêt. Les *res publicæ* n'étaient pas la propriété de l'État, c'étaient des choses soumises à un droit spécial, l'*usus publicus*, et celui qui se plaignait d'un dommage causé à la voie publique se plaignait en réalité d'un dommage porté à une chose sur laquelle il avait droit.

---

(1) Code, 8, 1 ; *id.*, 3 et 4.

(2) *Dig.*, 47, 12, 3, *de sepulcro viol.* — 43, 8, 2, 44.

(3) « Cuilibet in publicum petere permittendum est quod ad usum omnium pertinet, velut vias publicas, itinera publica, et ideo quolibet postulante de his interdicitur. » *Dig.*, 43, 7, 1.

Toutefois comme on ne comprendrait pas un droit vague de réclamation judiciaire pour des dommages mal définis ; comme il faut que les droits aient un corps, et se rapportent à des choses déterminées, la protection juridique des intérêts généraux se restreignait aux cas où le droit positif l'avait établie. Elle était fixée d'une façon si exacte que l'application pratique n'amenait aucune difficulté, et tous les interdits populaires avaient reçu un nom spécial.

Le caractère de droit commun à tous amène une particularité dont les Romains ont parfaitement tenu compte ; c'est qu'il n'était point permis en cette matière d'agir par procureur. Sans doute c'était une règle générale à l'époque des *legis actiones*, et qui s'était produite à cause des formalités particulières à cette procédure, mais ces formalités mêmes ne touchaient point l'interdit, et plus tard, quand il se rapprocha des actions formulaires, l'impossibilité d'agir par procuration subsista toujours. Elle tenait au fond même du droit. On ne comprendrait pas qu'un propriétaire faisant valoir son droit, prétendît agir en qualité de mandataire d'une tierce personne ; il en était de même ici. Tous ayant un droit égal, celui qui agissait devant le préteur, faisait en réalité valoir son droit (1), et n'aurait pas été reçu à prétendre qu'il agissait au nom d'un tiers. — Il y avait toutefois une exception à ce principe, qui n'en constitue peut-être qu'une preuve nouvelle. — Celui, dit Ulpien, qui invoque l'interdit *de via publica*, et qui a éprouvé un dommage personnel par suite de l'obstacle introduit, peut nommer un *procurator*, comme s'il s'agissait d'une action privée (2). Nous trouvons en effet ici un élément privé, qui transforme l'interdit populaire en une action personnelle.

C'est ainsi que les particuliers arrivaient à exercer un véritable droit de police. Les contraventions de police se jugeaient

(1) C'est pour cette raison sans doute que les femmes et les pupilles ne pouvaient pas agir par voie d'action populaire. On ne leur reconnaissait pas les droits d'un citoyen. Ils pouvaient au contraire se servir de l'*operis novi nuntiatio* quand leur intérêt était en jeu.

(2) *Dig.*, 3, 3, 42. — 43, 8, 6.

comme des procès privés ; l'État n'intervenait qu'à titre de juge,
et évitait ainsi de prendre le double rôle de juge et partie, qui
répugnait tant à l'équité naturelle des Romains. « Dans l'interdit populaire, ou dans l'*actio popularis*, le préteur observait
rigoureusement les principes du droit civil, et le peuple dont le
plaignant était censé le représentant se soumettait entièrement
à la justice, et combattait contre l'accusé à armes égales (1). »
Une des conséquences les plus logiques de cette pensée, c'est
qu'une fois l'action intentée, quelle qu'en soit l'issue, elle ne
peut plus être reprise. Elle obtient à l'égard de tous l'autorité
de la chose jugée.

Relativement à la marche que l'interdit doit suivre et à la
sanction qui lui est donnée, nous ne possédons guère que des
renseignements épars dans les commentaires de Gaius, et dans
quelques fragments du *Digeste*.

L'interdit ne pouvait être délivré que par le magistrat qui
en avait le pouvoir : à Rome par le préteur urbain ou pérégrin ;
dans les provinces par le *rector* ou le *præses provinciæ* (2). Il
semble que pour les causes peu importantes, les magistrats municipaux dussent suppléer ces derniers (3).

Il fallait que les deux parties comparussent devant le magistrat, et si le défendeur se montrait récalcitrant, ou s'il ne pouvait comparaître et que personne ne voulût répondre pour lui,
il y avait lieu à une *misssio in bona* contre lui comme elle avait
lieu contre celui qui se dérobait à une action (4).

Supposons les deux parties devant le magistrat. Si le défendeur convient des faits qui lui sont reprochés, le magistrat dé-
livre une formule qui fera la loi des parties, et tracera des
obligations qui ne devront plus être enfreintes. Nie-t-il au contraire, le magistrat discute les faits dans une *cognitio* spéciale,
et émet alors un interdit, s'il juge à propos de le faire.

(1) Jhering, *Esp. du droit romain*, 2, 82.
(2) *Dig.*, 4, 15, 8.
(3) Code Th., *de Jurisd.*, 2, 1.
(4) *Dig.*, 43, 29, 3, 14. — *Id.*, 42, 4, 7, 1.

Mais ceci ne terminait pas la procédure (1). Avant de poursuivre l'instance, les deux adversaires se liaient par une sorte de pari, la *sponsio*, enjeu pécuniaire qui devait appartenir au vainqueur. C'était ainsi que s'engageaient autrefois les procès, à l'époque des *legis actiones*, et quand ce procédé fut écarté pour l'exercice des actions, il subsista néanmoins à l'égard des interdits. La *sponsio* n'était pourtant obligatoire que dans les interdits prohibitoires (2). Le bénéfice qu'elle procurait était généralement du dixième des intérêts engagés. Ces intérêts étaient ici qualifiés *quanti actoris intersit*. Formule un peu élastique, mais que la pratique et l'interprétation du juge se chargeaient de préciser.

Dans les autres interdits, où l'on pouvait demander une formule arbitraire, le défendeur avait un moyen de défense préalable qu'il devait rarement négliger, c'était le serment de *calumnia*. Le demandeur devait jurer à son adversaire (3), s'il en était requis, qu'il n'agissait pas par esprit de chicane, et en cas de défaite, il s'obligeait à lui payer un quart du montant du procès (4).

Le procès pouvait désormais se continuer comme tous les procès ordinaires devant le *judex* ou les récupérateurs qui décidaient du bien fondé de la demande. En conséquence le demandeur triomphant gagnait les *sponsiones* qui étaient l'enjeu déposé, l'adversaire recevait du préteur l'ordre de faire disparaître ce qui avait été la cause du procès. C'est en effet la conclusion que donne Julien à propos de l'interdit *ne quid in loco publico vel itinere fiat*. « *Ita qui adversus edictum pretoris ædificaverit, tollere ædificium debet; alioquin inane et lusorium pretoris imperium erit* (5). »

-----

(1) Gaius, IV, 144.

(2) Gaius, IV, 141.

(3) Gaius, IV, 163.

(4) Gaius, IV, 175.

(5) *Dig.*, 43, 7, 7. — *Id.*, 39, 1, 20, 1 et 10. — *Id.*, 43, 3, 1, 8. — *Id.*, 39, 1, 21, 1. Il n'en était pas toujours de même pour les interdits privés où le demandeur devait parfois recommencer un procès, *judicium cascellianum*.

Il semble même que la résistance aux ordres des préteurs pût être réprimée par des peines corporelles, comme l'emprisonnement (1).

D'autre part le demandeur qui subissait un échec perdait le montant de la *sponsio* qu'il avait engagée de son côté, de plus il pouvait être attaqué par le *judicium calumniæ* et, si l'on prouvait qu'il avait agi de mauvaise foi, condamné à une somme égale au dixième des intérêts en cause. Devait-il échapper au *judicium* quand le défendeur demandait une formule arbitraire ? On l'avait prétendu en disant que cette demande impliquait une sorte d'aveu. «Toutefois, dit Gaius, cette opinion n'a pas prévalu dans la pratique, car celui qui demande un arbitre veut diminuer ses risques, plutôt qu'il n'avoue. »

Quand disparut la procédure formulaire, les interdits disparurent également; le juge impérial connut *extra ordinem* de toutes les causes qui lui étaient présentées; la *sponsio* cessa de jouer un rôle, et le *judicium calumniæ* ne fut plus une conséquence particulière de l'interdit.

SECTION III

REVUE DES DIVERS INTERDITS POPULAIRES

Il nous reste à passer maintenant en revue chacun des interdits qui se rapportaient au domaine public, et à examiner les cas qu'ils prévoyaient.

§ 1. **Interdit de religiosis.** — L'interdit de *mortuo inferendo et sepulcro ædificando* n'était pas public ; il était donné aux héritiers pour qu'ils pussent remplir leurs devoirs funéraires, et qu'aucun obstacle ne s'opposât à leur route ou au dépôt du corps dans le sépulcre.

Toutefois quand le lieu avait été consacré par l'accomplis-

____

(1) Sent. de Paul, *de vi publica*, 5, 25, 1. — *Dig.*, 47, 10, 12, 2.

sement de la cérémonie, il n'était plus permis d'y toucher sans la permission des pontifes, et une action populaire *de sepulcro violato*, était donnée contre quiconque aurait violé le sépulcre. Le droit privé n'avait point cessé d'exister puisque les héritiers avaient la préférence pour intenter l'action; mais il s'était élevé en outre un intérêt public auquel on faisait droit.

§ 2. **Interdits de loco publico.** — Le premier interdit et le plus général est l'interdit « *ne quid in loco publico,* » à la suite duquel se rangent plusieurs interdits spéciaux, les interdits *de viis, de fluminibus,* etc. L'interdit général « *ne quid in loco publico fiat* » s'appliquait aux places, aux édifices et aux routes publiques, et même aux *agri*. Sans doute il fut employé autrefois pour les *agri publici;* mais à l'époque de l'Empire, il semble avoir eu beaucoup moins de valeur. Les publicains avaient d'ailleurs un interdit spécial « *de loco publico fruendo* ». Cet interdit, destiné à leur procurer une jouissance paisible, devait accroître la valeur des *agri vectigales* et par suite le prix auquel ils étaient loués.

L'interdit ne s'applique pas aux biens qui sont *in fisci patrimonio,* et qui peuvent être considérés comme la propriété privée du prince. C'est aux préfets qu'il appartient d'y veiller. Nous devrons donc nous tenir strictement aux derniers mots d'Ulpien, et commenter l'interdit en ce qui concerne « *ea loca... quæ publico usui destinata sunt,* » c'est-à-dire les propriétés bâties ou non bâties destinées à l'usage public.

Pour les places et édifices publics, l'interdit est d'abord prohibitoire. Chacun a le droit de s'opposer à ce qu'on construise sans autorisation un édifice sur le terrain public, ou à ce qu'on adosse une construction à un édifice déjà existant. Mais l'interdit n'est pas restitutoire. Une fois la construction faite, celui dont l'intérêt particulier a été lésé, peut seul la faire démolir, « *ne ruinis urbs deformetur* ». On regarderait comme lésé celui dont la maison n'aurait plus d'entrée et de sortie libre, serait privée de jour, etc... Si personne ne dépose de plainte, le magistrat chargé de la surveillance de la ville peut de lui-même imposer une redevance pour prix du terrain occupé.

Les égouts et conduites d'eau sont sous le régime de l'interdit *de cloacis* prohibitoire en ce sens qu'il protège celui qui se charge des opérations du nettoyage et de réfection, restitutoire en ce sens que les dégradations commises doivent être réparées.

Peut-être faut-il comprendre aussi dans notre liste les aqueducs. Cependant un sénatus-consulte qui nous a été transmis par Frontin paraît faire allusion non pas à la procédure de l'interdit, mais à une voie de répression exercée par le magistrat lui-même : « Si quelqu'un contrevient en quelque chose à ce qui vient d'être prescrit, il sera condamné à une amende de dix mille sesterces, dont la moitié sera donnée comme récompense à l'accusateur, après qu'il aura fourni les preuves du délit, l'autre moitié sera remise dans le Trésor public. Ce sont les *curatores aquarum* qui jugeront et connaîtront de ces délits (1). »

§ 3. **Interdits de viis et itineribus**. — Les

routes étaient, comme nous le verrons, l'objet d'une surveillance administrative très grande. Les plus hauts magistrats de Rome, le censeur, le consul et le préteur en avaient la charge sous la République ; et sous l'Empire on vit la *cura viarum* rester une des magistratures les plus honorées. Aussi le droit du magistrat est-il reconnu par un texte du *Digeste* (2), et même dans la ville il avait seul le droit d'intervenir (3).

Hors des villes, l'action des magistrats n'était pas exclue : mais de plus, les routes étaient mises sous la protection de tous les citoyens, au moyen de nombreux interdits. Il faut compter en premier lieu l'interdit général prohibitoire « *ne quid in*

______

(1) Frontin, *De aqueductu*, 127. Le s. c. cité date du consulat de Q. Celius Tuberon et P. Fabius Maximus, contemporains d'Agrippa.

(2) *Dig.*, 43, 8, 2, 25. — 43, 10, 1.

(3) *Dig.*, 43, 8, 2, 24.

loco publico, » qui regardait tous les obstacles permanents imposés à la circulation, et qui était la mise en pratique de la règle d'imprescriptibilité.

Mais de plus le préteur avait prévu tous les obstacles plus ou moins temporaires qui pouvaient arrêter la circulation : écoulement des eaux des fonds supérieurs par des fossés mal disposés; dégradations par suite du passage de troupeaux ; chutes d'arbres; construction d'un pont au-dessus de la route ; réparations mal entendues ou malveillantes. Contre tous ces inconvénients il avait proposé deux interdits : un prohibitoire pour empêcher le mal, un restitutoire pour le faire réparer. « *Ait prætor : in via publica, itinereve publico facere, immittere quid quo ea via idve iter deterius sit, fiat veto. — Quod in via publica itinereve publico factum immissum habes, quo ea via idve iter deterius sit, fiat restituas.* » Il est à remarquer que si le premier interdit visait uniquement celui qui était l'auteur du fait, le second pouvait s'appliquer encore à celui qui sans être l'auteur direct de l'état des choses en profitait ou en demeurait responsable.

Les obstacles moraux apportés à la circulation par des menaces ou par l'emploi de la force n'étaient pas seulement réprimés par l'action d'injures : un interdit spécial était donné : « *Quonimus illa via publica itinereve publico ire, agere liceat vim fieri veto.* » Il y avait en effet avantage à invoquer l'interdit, toujours commode et réparant exactement le préjudice causé (1), plutôt que l'action directe ou utile de la loi Aquilia, ou même que la loi Cornélia *de injuriis.* La loi Aquilia, qui datait des Douze Tables, ne prévoyait que des violences amenant des blessures ou la mort, et par conséquent ses termes ne s'appliquaient point à de simples menaces (2). La loi Cornelia introduisait dans la gradation des peines une évaluation que la pratique devait trouver bien incommode (3).

(1) Dig., 43, 8, 2, 44.
(2) *Inst.*, 4, 3.
(3) *Inst.*, 4, 4, 8 et 9.

Enfin un interdit était donné à celui qui voulait réparer la route. En effet les particuliers étaient obligés de construire les routes qui passaient devant leur demeure (1), et aussi sans doute devant leur champ (2). Ils pouvaient même avoir intérêt à le faire spontanément. Comme cette opération pouvait amener des conflits, ils avaient droit à la protection d'un interdit, pourvu qu'ils se conformassent aux règlements, notamment en laissant le passage libre pour une voiture, en respectant la hauteur, largeur, et nature de la route. — Le voisin sur la propriété duquel on avait empiété, avait une action *viæ receptæ*. Si, sous prétexte de réparer la route, on l'abîmait, le préteur n'accordait aucun secours contre la violence infligée à l'auteur du dégât, et même celui-ci pouvait être fustigé s'il était esclave ou remis aux édiles et puni d'amende, s'il était homme libre. De plus un interdit restitutoire l'obligeait à remettre les choses en état.

§ 4. **Interdits de fluminibus et rivis**. — Les

interdits qui concernent les fleuves ont été conçus avec le même esprit d'analyse. On rencontre d'abord un interdit de forme générale, l'interdit « *ne quid in flumine publico* ». Pourquoi les Romains ne s'étaient-ils pas contentés de l'interdit « *ne quid in loco publico* »? Peut-être trouvaient-ils que le fleuve insaisissable dans la mobilité de ses eaux se prêtait mal à la qualification précise et déterminée de lieu public. Peut-être trouvaient-ils utile de préciser davantage.

En tous cas les interdits prévoyaient spécialement les obstacles directs apportés à la libre navigation, et les obstacles indirects qui résulteraient soit de la violence exercée contre les navigateurs, soit de travaux qui auraient détourné le lit du fleuve.

Les obstacles directs prévus par l'interdit « *ne quid in flumine publico ripave ejus immittas quo statio iterve navigio*

(1) 43, 10, 1, 3.
(2) 43, 11, 3, pr.

deterius sit fiat », peuvent provenir de travaux qui détournent le fleuve, resserrent le lit, ou au contraire dispersent la masse des eaux, et en diminuent la profondeur. On voit aussi un obstacle illégal dans le pont jeté par-dessus le fleuve (1) et réunissant les deux rives pour l'utilité du propriétaire. Ces travaux sont défendus, et s'ils ont été exécutés doivent être enlevés, car l'interdit est restitutoire aussi bien que prohibitoire. — Le préteur déclare qu'il n'entend pas empêcher toute sorte de travaux, mais seulement ceux qui rendent la navigation ou les débarquements plus difficiles; si l'auteur des travaux a eu juste raison de les faire, l'interdit peut être paralysé par une exception appropriée (2).

Il y avait en effet des travaux indispensables, et que commandait l'intérêt public d'accord avec l'intérêt particulier. Tels étaient ceux qui avaient pour objet la réfection des rives et la protection des champs avoisinants. Le préteur donnait l'autorisation de les faire en accordant l'interdit *de ripa munienda*. Toutefois le riverain devait ne pas entraver la navigation, et, dans le cas où quelque préjudice était à craindre, donner la *cautio damni infecti* pour dix ans, « *secundum qualitatem personæ* ». Si l'intéressé avait oublié de demander à temps la caution, il n'avait plus de ressource que dans l'action de la loi Aquilia.

Dans le cas où l'État lui-même aurait été l'auteur des travaux, les particuliers lésés ne pouvaient exercer aucun recours (3).

La violence qui pourrait empêcher la navigation est prohibée par l'interdit « *ut in flumine publico navigare liceat* ». On reconnaît ici le même motif qui s'était présenté pour les routes, et qui fit également établir la libre navigation des lacs, des canaux et des étangs publics. Il paraît aussi que cet interdit avait

______

(1) *Dig.*, 43, 12, 4.

(2) *Dig.*, 43, 12, 1, 16. — 43, 13, 1, 6.

(3) *Dig.* « Quod principis aut senatus jussu... opus factum, in hoc judicium nos venit., — *Dig.*, 39, 3, 2, 3.

été étendu de façon à permettre le libre accès des troupeaux
jusqu'aux fleuves.

Enfin les difficultés pouvaient provenir de ce que le cours
des eaux était changé par des travaux, des digues ou des déri-
vations. Aux intéressés le préteur promettait l'interdit « *ne
quid in flumine publico fiat, quo aliter aqua fluat quam priore
æstate fluxit* ». Cependant comme les débordements du fleuve
peuvent menacer les campagnes voisines, il y aura lieu d'apprécier ce qui est nécessité par l'état des lieux.

Tous ces interdits ne s'appliquaient pas aux fleuves privés
à l'égard desquels le droit romain consacrait des droits de propriété absolue. Les propriétaires pouvaient donc en interdire
l'accès, et faire à leur gré les changements ou les réparations
qu'ils jugeaient utiles, et en détourner le cours, pourvu que ce
ne fût point par malice. Une seule restriction paraît leur avoir
été imposée dans le cas où l'eau d'un fleuve privé alimentait un
fleuve public et le rendait navigable. Elle ne devait alors être
ni distraite ni perdue (1).

§ 5. **Interdits relatifs à la mer et aux rivages.**

— Nous avons déjà signalé l'interdit populaire que
Labéon avait déclaré applicable à la mer et aux **rivages**, « *ne
quid in mari inve littore quo portus statio iterve navigio deterius
fiat* » (2). La largeur des termes de cet interdit le rendait
applicable à presque tous les cas. — Cependant celui qui
éprouvait quelque dommage par suite d'une construction élevée
sur les bords avait aussi l'interdit utile soit pour la faire enlever,
soit pour obtenir une indemnité. Le régime de l'autorisation
préalable qui paraît s'être introduit sous l'empire d'une façon
assez générale (3), au moins en ce qui touche les constructions
élevées sur le bord de la mer, enleva à ce genre d'interdits
leur utilité principale, et l'occasion de se développer.

(1) *Dig.*, 43, 12, 1, 12.
(2) *Dig.*, 43, 12, 1, 17.
(3) Voy. p. 25.

SECTION IV

OPERIS NOVI NUNTIATIO

Les *interdicta* pouvaient se trouver en défaut soit parce que l'obstacle auquel ils devaient remédier ne faisait pas encore sentir ses effets, soit parce que le jour où il aurait fallu agir n'était pas un jour judiciaire.

Aussi avait-on inventé un moyen plus rapide d'empêcher les progrès d'une construction menaçante pour le domaine public, sauf à discuter plus tard le bien fondé de l'intervention : c'était la dénonciation de nouvel œuvre. Elle suspendait tous les travaux qui changeaient la face des lieux, démolition ou construction (1), sans discussion, sans délai possible, et par sa seule force. Celui qui n'aurait pas tenu compte de l'injonction et qui aurait persisté dans l'entreprise commencée se serait exposé à des peines sévères. Il eût été obligé de remettre les choses en l'état, et de détruire tout ce qui aurait été fait au mépris de la déclaration (2). Peu importe que le fonds où s'effectue l'entreprise dénoncée change de maître ; l'*emptor* (3) et l'héritier sont tenus comme le précédent propriétaire ; toutefois le côté pénal de la *nuntiatio* ne réfléchit pas sur eux ; et ils ne sont obligés qu'à permettre au *nuntians* d'exécuter lui-même la destruction des ouvrages entrepris (4).

Moyen d'action rapide, la *novi operis nuntiatio* peut être employée hors de la présence du préteur. Il suffit du jet symbolique d'une pierre, ou d'une déclaration faite à personne ou à représentant ; même aux ouvriers employés sur les lieux, même à l'esclave, à une femme, à un enfant. La seule condition nécessaire est le transport du *nuntians* sur la place même,

(1) *Dig.*, 39, 1, 1, 11.
(2) *Dig.*, 39, 1, 1, 7. — *Id.*, 20 princ.
(3) *Dig.*, 39, 1, 23.
(4) *Dig.*, 39, 1, 1, 22.

« *in re præsenti, id est eo loci ubi opus fiat* »; la *nuntiatio* est
« *in rem, non in personam* ». Il s'ensuivait cette conséquence
bizarre que rencontrant sur la place publique le *dominus operis*,
on ne pouvait lui faire une dénonciation valable; il fallait,
disait-on, que les ouvriers pussent être immédiatement ren-
voyés, et les Romains paraissent s'être fort préoccupés de la
situation légale d'un immeuble que les ouvriers auraient con-
tinué à bâtir, tandis que le maître aurait reçu une *nuntiatio*
valable.

Quand la *novi operis nuntiatio* était mise en œuvre dans un
intérêt privé, il fallait que le *nuntians* eût un droit sur l'immeuble à propos duquel il intervenait (1). Quand au contraire
il s'agissait d'une entreprise sur le domaine public, la *novi
operis nuntiatio* devenait populaire, c'est-à-dire que tout citoyen
avait le droit de la mettre en œuvre. C'était, disait-on, l'intérêt
commun de susciter aux choses publiques le plus grand nombre
possible de défenseurs.

Une fois la *nuntiatio* faite, on se retrouvait devant le préteur (2). Avant tout, le *nuntians* devait prêter le serment *de
calumnia*, c'est-à-dire jurer qu'il n'agissait point par esprit de
chicane, et il ne pouvait le référer. La peine du faux serment
était l'infamie.

L'action s'engageait alors. Une *cognitio* sommaire avait lieu,
et pouvait naturellement se résoudre de différentes façons. Tantôt le préteur retenait la *nuntiatio*, prononçait que c'était à
bon droit qu'elle avait été faite, et il n'était plus permis de continuer l'*opus novum*; tantôt en donnant gain de cause au *nuntians* sur certains points, le préteur pouvait lui donner tort sur
d'autres. En ce cas la *nuntiatio* ne valait que pour les points
approuvés par le préteur.

Il se pouvait encore que le préteur renvoyât le défendeur
des fins de la plainte, c'était la *remissio*; ou bien qu'il l'obligeât
à donner caution. En cas de *nuntiatio* relative au domaine pu-

(1) 39, 1, 3, 3. — *Id.*, 1, 20.
(2) 39, 1, 1, 9.

blic, il semble qu'on se contentât d'une simple promesse. C'est en effet ce que dit Paul : « Si je vous ai sommé au moyen d'une *nuntiatio* de ne rien faire contre les lois dans un lieu public, vous devrez faire un *promissio;* dans l'espèce en effet, j'agis au nom d'autrui, non au mien, et représentant du droit d'autrui, je ne puis rien exiger qu'une promesse (1) ». Toutefois cette simple *repromissio* n'aurait pas eu le même effet qu'une *satisdatio* régulière, et le *promittens* ne se serait pas trouvé couvert contre une nouvelle interruption (2).

La sentence du préteur n'avait du reste rien de définitif; et ne constituait pas un préjugé relatif aux actions sur le fonds qui pouvaient s'engager plus tard (3). Elle réglait seulement un état provisoire, et donnait le rôle de défendeur à celui qui paraissait le plus digne d'intérêt. Quand le *nuntians* triomphait devant le préteur, ou qu'il ne recevait pas caution, il avait le droit de se servir d'un interdit *restitutoire* ou *quod vi aut clam* (4). Toute entreprise nouvelle était en effet une atteinte à l'ordre établi par le préteur. Au contraire si le défendeur avait obtenu la *remissio*, ou fourni la caution demandée (5), il était protégé par un interdit prohibitoire. Le même motif expliquait le rôle inverse.

Signalons avant de terminer une particularité qui tient aux habitudes romaines. Il se pouvait que l'entreprise faite sur le domaine public, « *in ripa aut in fluvio* », menaçât directement un intérêt particulier. Celui qui craignait pour son bien pouvait demander caution *damni infecti* pour le dommage à venir (6) ; et cette caution pouvait se cumuler avec l'*operis novi nuntiatio* comme avec l'interdit *quod via ut clam* (7). C'é-

---

(1) *Dig.*, 39, 1, 8, 3.
(2) *Dig.*, 39, 1, 20, 13. Telle est la conciliation de textes trouvée par Pothier.
(3) *Dig.*, 39, 1, 19.
(4) *Dig.*, 39, 1,20, 1.
(5) *Dig.*, 39, 1, 20, 9.
(6) *Dig.*, 39, 1, 7,
(7) *Dig.*, 39, 2, 13, 10.

tait généralemennt le procédé suivi à propos des constructions
élevées sur le bord de la mer où la caution était mesurée à l'intérêt que le demandeur pouvait avoir (1). Nous voyons d'ailleurs
que, si des réparations étaient faites à un égout ou à un aqueduc,
il n'était pas permis d'agir par voie de *nuntiatio* (2). La réparation de l'égout est une question d'intérêt public; en ce cas
spécial, l'interdit et la *nuntiatio* se trouvent du côté de celui qui
fait la réparation.

(1) *Dig.*, 39, 1, 1, 18.
(2) *Dig.*, 39, 1, 5. 13.

CHAPITRE III

MODES DE PROTECTION DU DOMAINE PUBLIC PAR LES MAGISTRATS

Si les Romains avaient, en confiant la garde du domaine public aux citoyens, inventé la procédure si originale des interdits, ils n'avaient pas cependant entendu se priver du mode de protection le plus naturel, la surveillance des magistrats. Nous avons déjà rencontré plusieurs lois qui mentionnent le rôle que ceux-ci devaient remplir : Nous nous proposons maintenant d'entrer plus avant dans la matière, et d'examiner en détail la nature et le caractère des magistratures qui avaient la charge du domaine public. La théorie que nous allons exposer, et que nous tirons principalement du bel ouvrage de M. Mommsen sur le droit public de Rome (1), où elle a été faite avec le plus grand soin, nous paraît de nature à éclaircir bien des problèmes qui touchent au droit public, aussi bien qu'à la législation civile. Elle nous semble donc indispensable à faire connaître avant de traiter des magistratures au point de vue du domaine public de l'État.

SECTION PREMIÈRE

IDÉE GÉNÉRALE DU DROIT DE CONTRAINTE ET DU DROIT DE JUSTICE

Les magistratures romaines reposaient sur le principe de l'unité absolue du pouvoir, qui sous le nom d'*imperium* comprit d'abord tous les droits ; droit de commander les armées,

---

(1) *Handbuch der Römischen Alterthümer* von J. Marquardt und Th. Mommsen — *Romisches Staatsrecht* von Th. Mommsen. — Leipzig, 1876 et 187�..., 2ᵉ édition.

droit de rendre la justice, droit d'exiger l'obéissance ; bien que plus tard des fonctions différentes eussent été attribuées aux différents magistrats, l'unité du principe ne fut pas perdue. Le droit de commander demeura chez tous avec son complément naturel, le droit de contraindre à l'obéissance, qui s'exerce soit par le droit de contrainte (*coercitio*), soit par le droit de justice (*judicatio*). Ce sont ces deux droits dont nous allons nous occuper ici spécialement.

Tous deux tendent à réprimer un acte coupable au moyen d'une peine infligée à son auteur ; et il n'est pas impossible que le même fait puisse être considéré à la fois comme un acte de désobéissance envers le magistrat, et un délit. Mais en général le droit de *coercitio* va plus loin que la peine judiciaire ; il ne s'applique pas seulement à l'acte qui vient d'être acompli ; il prévoit aussi l'acte à venir, et contient une invitation à faire ce qui est ordonné par l'autorité. Aussi, bien que dans l'origine ces deux droits aillent de pair, leur réunion n'a pas toujours subsisté, certains magistrat sont l'un sans posséder l'autre. De plus, il y a toute une série de mesures répressives dont dispose celui qui a la *coercitio*, mais dont celui qui n'a que la *judicatio* ne saurait faire usage.

Le droit de contrainte est le moyen de défense du magistrat outragé par le refus d'obéissance d'un citoyen. Il s'en sert de plus pour lever tous les obstacles qui lui seraient opposés dans l'exercice de ses fonctions, pour réprimer tout acte et toute parole blessante pour sa personnalité. Aussi son droit de punir ne prend-il corps qu'au moment où il l'exerce : aucune forme précise ne lui est imposée pour constater le fait délictueux ; ce qui ne veut point dire qu'il agisse d'une façon absolument arbitraire. Son droit ressemble sous ce rapport à celui d'un chef d'armée. Quand la *judicatio* fut restreinte par les lois et resserrée dans certaines formes, la *coercitio* resta libre dans des limites assez larges, et put être appliquée immédiatement au coupable.

Ce droit, d'abord entier entre les mains du roi, passa en même temps que l'*imperium* dans les mains du magistrat consulaire, et du préteur souvent qualifié du titre de collègue des consuls. Les tribuns l'eurent aussi, non sous le nom d'*imperium*, mais comme conséquence de leur droit d'*auxilium*. Ils le faisaient valoir même à l'encontre des consuls, auxquels ils pouvaient ainsi porter échec. Les magistrats inférieurs auxquels était refusé d'abord le droit de toucher au corps ou à la vie des citoyens, reçurent en l'an 300 de Rome le droit d'infliger des châtiments corporels, des amendes, des séquestres, comme conséquence des corvées qu'ils devaient faire exécuter (1).

Enfin on finit par considérer cette *coercitio* comme liée nécessairement à la *judicatio* privée ou administrative, soit à Rome, soit dans les provinces, c'est ainsi qu'elle appartint aux censeurs et aux édiles. Au contraire elle n'était pas donnée aux questeurs, car ceux-ci, commis à l'exécution, ne rendaient point personnellement la justice.

Le mandataire d'un magistrat revêtu de l'*imperium*, reçoit avec l'*imperium* même le droit de *coercitio ;* ce fut l'origine de l'*imperium* des préteurs, propréteurs et proconsuls dans les provinces, où leur pouvoir n'était borné que par les limites de leur commandement.

Les moyens de *coercitio* étaient de deux sortes, selon que le droit de provocation pouvait ou non s'y appliquer. Parmi les premiers nous comptons la peine capitale, les châtiments corporels, et les grosses amendes (*multa suprema*), celles qui dépassaient la valeur de trente bœufs et de deux brebis, ou une somme de 3020 as. Le droit d'infliger la peine capitale fut restreint de bonne heure, et ne put être exercé qu'au moyen de la *judicatio*. Ce fut l'œuvre de plusieurs lois, surtout de la loi Porcia (an 500 de R.) renouvelée par C. Sempronius Gracchus (an 650 de R.).

On connaît moins bien la date des restrictions imposées au magistrat dans les deux autres hypothèses. En tout cas elles existaient depuis longtemps à l'époque de Cicéron (2).

---

(1) Denys d'Halycarnasse, 10, 50.

(2) Cic., in *Verr.*, seconde action, V, 66. « Facinus est vinciri civem romanum : scelus verberari, prope parricidium necari, quid dicam in crucem tollere. »

Les autres moyens ne sont pas soumis à une réglementation normale. On y comprend surtout : le droit de faire amener le citoyen (*prensio*), et le droit de lui infliger la prison (*abductio in carcerem, in vincula*) qui sont habituellement connexes (1). Ces deux droits étaient réservés aux magistrats supérieurs, plébéiens ou patriciens. Les tribuns les possédaient ; les édiles en ont été privés (2). On y compte encore la *consecratio bonorum* qui cessa de bonne heure d'être en usage, et qui ne reparut un moment que par abus (3). Enfin les moyens les plus habituels et les plus commodes, étaient l'amende inférieure à la *multa suprema* , et la *pignoris capio* . Celle-ci consistait dans la saisie et dans la destruction d'un objet appartenant au contrevenant. Le système de la vente au profit de l'État ne fut introduit qu'assez tard et vraisemblablement sous l'Empire.

La *judicatio* est la seconde face du pouvoir par lequel les magistrats font respecter leur autorité. Tandis que dans le cas où la plainte émane d'un particulier, l'État se borne au rôle de juge, ici il faut reconnaître qu'il poursuit lui-même le crime dont il applique la punition. Ce sont généralement des crimes dirigés contre la communauté, comme la haute trahison, ou la désertion militaire. Toutefois le même système a été appliqué à certains crimes privés, comme le meurtre ou l'incendie. Nous n'avons pas à considérer tous les cas dans lesquels la communauté exerce son droit de punir, il nous suffira de dire qui la représente et à quelles conditions, à quelles mesures le droit de ses représentants est soumis.

Le procédé habituel fut d'abord celui de la *cognitio* par le magistrat ; peut-être y avait-il un dénonciateur, il n'y avait pas d'accusateur public. C'était le magistrat qui représentait l'État comme plaignant et comme juge. On ne connaît point de limite

---

(1) Gellius, 13, 12. « Qui vocationem habent, iidem prendere tenere abducere possunt et hœc omnia sive adsunt quos vocant, sive acciri jusserunt. »

(2) Gellius, 13, 13. Varron compte les édiles curules parmi les magistrats « qui potestatem neque vocationis populi viritim habent neque prensionis ».

(3) Cic., *de Domo*, 47.

précise entre le droit de *judicatio* et le droit de *coercitio :* tous deux, issus de l'*imperium*, en gardaient la marque originelle, le caractère illimité.

Cependant il y avait déjà, sous la République, certaines formes précises qui ne devaient pas être violées. Ainsi le jugement comprenait deux instances, l'une devant le magistrat, l'autre devant le peuple, qui agissait comme un tribunal de cassation. Toutes deux avaient leurs formes spéciales, et particulièrement dans la *cognitio*, le magistrat devait faire venir et interroger trois fois le prévenu, en faisant l'enquête, et en écoutant la défense (1) ; la quatrième citation était réservée pour le jugement du peuple.

Ce qui décide le choix entre les deux moyens que le magistrat tient à sa disposition, ce n'est pas la nature du délit, c'est plutôt la nature du châtiment qui doit être employé. Il y a donc là à la fois entreprise du droit de *judicatio* sur le domaine de la *coercitio* (qui se trouve en certains cas réduite à employer le mode de la mise en jugement), et moyen d'extension de celle-ci, puisque le magistrat peut ainsi se saisir de moyens de répression qui lui seraient interdits autrement.

Les peines que la *judicatio* permet d'infliger sont de deux sortes : peine capitale, peines pécuniaires ; elles ne sont pas déterminées simplement par le magistrat (*dicit*) ; elles doivent être confirmées par une proposition aux comices (*inrogat*) (2).

Les magistrats supérieurs comme le consul ou le préteur conservèrent le droit de *coercitio*, mais le droit de *judicatio* en matière criminelle leur fut enlevé de bonne heure et transporté aux questeurs. Ce qui paraît le prouver, c'est qu'on ne trouve point d'exemple de *provocatio* contre des jugements rendus par eux, ce qui se serait certainement présenté dans

(1) Cic., *de Domo*, 17 : « Ut ter ante magistratus accuset intermissa die, quam multam inroget aut judicet, quarto sit accusatio trinum nundinum prodicta die. »

(2) Cic. *de Leg.*, 3, 3. « Cum magistratus judicassit inrogassitve, per populum pœnæ multæ certatio esto. »

le cas où ils auraient eu ce droit. Les questeurs étaient les délégués forcés du pouvoir judiciaire dont les consuls conservaient virtuellement la plénitude. Au contraire, le tribun garda toujours l'exercice de la *judicatio*, et il en fit plusieurs fois usage.

Le censeur, qui avait le droit de contrainte, ne paraît pas avoir eu la *judicatio*, peut-être voulait-on éviter que ses décisions ne fussent réformées par l'Assemblée du peuple.

L'édile, au contraire, a souvent porté devant les comices des instances relatives au droit de *multa*. S'il lui est arrivé de s'abstenir quand un procès était engagé par les tribuns, en général, c'était lui qui infligeait l'amende quand un délit était punissable d'après les lois, et il soutenait la proposition devant les comices. En effet, les lois, sanctionnées par des peines pécuniaires, étaient confiées concurremment à la garde de tous les magistrats qui avaient le droit de *multa ;* or ce droit était généralement exercé par un magistrat inférieur, soit que les magistrats supérieurs lui abandonnassent ce soin comme une attribution peu intéressante, soit qu'ils eussent le désir de se soustraire à une mission odieuse.

Dans le cours du septième siècle survint un grave changement. La coutume s'établit de faire représenter l'État par un particulier, dans le procès qui s'engageait à propos de peines pécuniaires. A l'époque du principat, les anciennes magistratures disparurent peu à peu, et une organisation nouvelle s'établit à la place. On vit des magistrats nommés par le Sénat, et d'autres par le prince, jusqu'au moment où l'influence impériale absorba même le semblant de pouvoir qu'elle avait dédaigné de prendre. Les derniers héritiers des anciens magistrats de Rome, sont peut-être les *curatores* dont nous aurons l'occasion d'étudier les fonctions, et qui conservèrent longtemps un droit de justice personnel.

Nous allons maintenant prendre en détail chacune des magistratures qui touchent au domaine public.

SECTION II

MAGISTRATS DE LA RÉPUBLIQUE

§ 1. **Consuls.** — Les consuls sont les premiers magistrats de Rome par la date et par l'importance. Ils eurent d'abord dans sa plénitude l'*imperium* avec sa triple signification. Deux limites seulement leur étaient posées : l'annualité et la collégialité. On n'avait pas divisé entre eux le pouvoir ; et comme chacun d'eux en possédait l'intégralité, ils arrivaient à se contenir l'un par l'autre. — De là naquit le principe d'intercession.

Ce pouvoir ne resta pas longtemps sans être démembré. Les préteurs, les censeurs, les édiles furent créés successivement ; les questeurs cessèrent d'être à la nomination des consuls. — Chaque nouveau magistrat fut indépendant dans la sphère de ses attributions, grâce à son titre de mandataire du peuple ; et s'il avait le droit de juger, il retint par devers lui le jugement des litiges qui confinaient à ses fonctions. Il n'y eut plus d'appel au consul, à peine celui-ci put-il à l'égard du questeur et de l'édile invoquer le droit d'intercession qu'a le *magistratus major* vis-à-vis du *magistratus minor*.

Il leur resta toutefois une compétence générale. C'est ainsi qu'ils gardèrent le droit de juger les affaires qu'aucune loi ne faisait rentrer dans les attributions d'un magistrat spécial, et particulièrement les affaires laissées en souffrance par la démission des censeurs (1).

Le consulat n'est plus à la fin de la République qu'un jouet entre les mains d'ambitieux puissants. César crée des consuls pour trois mois, pour un jour ; et le dégoût du pouvoir suit la perte de la liberté. Auguste est obligé de rendre décret sur décret pour trouver des candidats aux fonctions publiques, et il

____

(1) Mommsen, *Rom. Staatsr*, t. I, p. 167.

doit promettre successivement aux chevaliers qui consentiront
à devenir *viginti viri* ou tribuns, que la dignité sénatoriale ne
leur sera pas imposée (1). Les consuls reçoivent sous l'empire
de nouvelles attributions et constituent une sorte de tribunal
suprême, dans lequel le Sénat leur sert de *consilium*. — On
suit la trace de ces fonctions judiciaires du Sénat jusqu'au
temps de Symmaque (2).

§ 2. **Préteurs.** — La préture, instituée à la suite des
lois Liciniennes, en l'an 387 de Rome, reçut les attributions
judiciaires qui étaient retirées au consulat. Il n'y eut d'abord
qu'un préteur unique, puis les fonctions furent dédoublées ; on
créa un *prætor urbanus*, un *prætor peregrinus*, puis un *prætor
repetundarum*. Le nombre en fut postérieurement porté à douze,
puis à dix-huit.

Ils avaient particulièrement la mission de s'occuper du droit
privé. Cependant, ils exercèrent aussi une influence puissante
sur la législation du domaine public par la création, ou plutôt
par le développement des interdits populaires. Leurs prescriptions consignées dans l'Album passèrent de siècle en siècle, et
devinrent une des sources les plus importantes du droit public
comme elles l'ont été du droit privé. Ils appliquèrent aux routes,
aux édifices que créaient les censeurs les principes généraux
du droit dont ils étaient les représentants. La législation des
cours d'eau, des rivages et de la mer leur appartient presque
tout entière.

En examinant la procédure des interdits et de l'*operis novi
nuntiatio*, nous avons examiné les règles qu'ils ont posées et les
moyens par lesquels ils les faisaient valoir.

Ils pouvaient aussi cependant agir spontanément, car ayant
l'*imperium* ils avaient également le droit de *coercitio*.

(1) Belot, *Hist. des chev. rom.*, 2, 366 et suiv.

(2) Symmaque, *Epist.* 44 : « Consulti in senatu more majorum (neque enim
legitimo ordine judicii auctoritas stare potuisset) ingenti causæ devotis sen-
tentiis satisfecimus. »

§ 3. Censeurs. — Les censeurs furent créés en l'an de Rome 310, pour faire le cens et établir la fortune des citoyens et de l'État. Mais leur importance grandit bien vite, et l'on voit dans une magnifique énumération de Tite-Live la grandeur et la diversité des charges qu'ils remplissaient (1).

Nous devons nous borner à étudier celles qui touchent au domaine public : elles peuvent se ranger sous trois chefs : administration des finances et des revenus de l'État, direction des travaux publics, compétence judiciaire en rapport avec les fonctions qu'ils exercent.

I. En matière de finances, ils étaient chargés à la fois de faire rentrer les revenus, et de payer la dépense. — Ils devaient louer par bail les terres du domaine, et par suite en fixer les limites, affermer les impôts qui constituaient les revenus de l'État, exiger les divers droits nommés *solarium*, *portorium*, droits de mine, de pêche, etc., faire valoir les biens des temples (2), passer les contrats au nom de l'État (3) ; ils avaient le droit de rétablir dans le domaine public les propriétés usurpées et de faire démolir les édifices privés établis sur des terrains de l'État (4), — même de faire restituer les usurpations d'eau qui diminuaient le débit des aqueducs publics.

D'autre part ils recevaient du Sénat la mission de veiller à la dépense du Trésor. Une somme fixe leur était allouée pour servir aux dépenses d'entretien et de constructions nouvelles (5). Ils devaient, suivant l'expression consacrée, « *sarta tecta ædium sacrarum, locorumque publicorum tueri* ». Mais nulle loi ne leur faisait une obligation absolue de répartir suivant

---

(1) Tit.-Liv., 4-8.

(2) Ce droit est en effet reconnu aux « curatores operum publicorum » qui succèdent sous l'empire à une partie des fonctions des censeurs.

(3) Tit.-Liv., 40, 51. — Orelli, 3133.

(4) Tit.-Liv., 39, 44.

(5) Tit.-Liv., 40, 46. « Censoribus postulantibus ut pecuniæ summa sibi, qua in publica opera uterentur attribueretur, vectigal annuum decretum est. » Ils n'avaient pas l'administration de l'ærarium qui restait aux mains des questeurs, et certaines dépenses, comme la solde, le salaire des employés, les postes, ne les regardaient pas.

une destination certaine, la somme qu'ils avaient à leur disposition. Aussi vit-on plusieurs d'entre eux agir d'une façon fort indépendante. Appius Claudius prolongea sa censure après la démission de son collègue, malgré les accusations du tribun Sempronius, afin d'avoir le droit de donner son nom à la route et à l'aqueduc qu'il avait entrepris (1). D'autres profitaient de leur autorité pour mettre en valeur leurs biens propres (2).

Mais la coutume d'abord, puis la loi vinrent mettre un terme à ces abus. Il fut d'usage que le censeur demandât l'avis du Sénat avant d'entreprendre des travaux publics, ou même qu'il exécutât simplement les ordres qu'il en avait reçus, et ne fît que présider aux adjudications (3). Le contrôle devint d'autant plus efficace, que le censeur ne pouvait garantir aux entrepreneurs avec qui il traitait l'effet des conventions au delà de la censure. Les sommes à payer étant généralement réparties en annuités, le paiement subséquent des dettes de l'État dépendait du consentement du consul (4). Il semble bien que les censeurs n'aient pas eu le droit de consacrer les temples, dont la dédicace était généralement confiée à des citoyens revêtus d'un mandat spécial (5). De plus, certaines lois leur défendirent de consacrer des biens sans autorisation du Sénat et de la majorité des tribuns (6), d'engager la République par des vœux (7), d'affranchir les esclaves publics (8), etc... Enfin le principe de la collégialité exerçait ici aussi son influence modératrice. Plus d'un témoignage nous reste de l'obligation où étaient les censeurs de se mettre d'accord. « *Censores magna inter se concordia* » est une expression qui se rencontre fréquemment chez les auteurs.

---

(1) Tit.-Liv., 9, 33. — Frontin, *de Aquæd.*, 5.

(2) Tit.-Liv., 40, 51.

(3) Tit.-Liv., 36, 36. « Locaverunt ædem faciendam ex senatus-consulto M. Livius, C. Claudius censores... dedicavit eam M. Junius Brutus. »

(4) Th. Mommsen, *Rom. staatsr.*, 2, 442.

(5) Cic., *de Domo*, 53.

(6) Tit.-Liv., 9, 46.

(7) Tit.-Liv., 36, 36; 22, 10.

(8) Tit.-Liv., 21, 14.

II. Leurs fonctions administratives en faisaient les chefs des travaux publics à Rome. Presque toutes les œuvres importantes de la République ont été conduites sous leur direction. A la fin de cette époque, ils avaient fait construire trois aquéducs sur quatre (aqua Appia, Anio vetus, Tepula) et trois basiliques également sur quatre (Porcia, Æmilia Fulva, Sempronia.) On leur doit le cirque Flaminien et plusieurs routes sont leur œuvre (Appia, Flaminia, Emilia, etc.).

Cependant la majeure partie des chaussées, et surtout celles des provinces, sont l'ouvrage des consuls ou des magistrats militaires : telles sont celles de la Gaule Cisalpine, la voie Emilienne dans la province de ce nom, la voie Postumienne, Domitienne en Narbonnaise, et les voies construites en Asie, par M. Aquilius. — Le nom de *via consularis* ou *pretoria* qui prévaut sous l'Empire et même au septième siècle montre assez quelle est l'autorité qui présidait habituellement à la construction de ces routes.

Pour exécuter tous les travaux publics, le censeur s'adressait à des entrepreneurs, et passait les contrats au nom de l'État. Les Romains en effet n'avaient pas de grandes administrations chargées de pourvoir aux besoins de la communauté. Les censeurs qui la représentaient, se montraient parfois un peu durs. Flaccus et Caton, dit Tite-Live, « *vectigalia summis pretiis ultro tributa infimis locaverunt* ». Il est vrai que le Sénat, ému par les larmes et les prières de ces malheureux entrepreneurs, cassa le marché « *induci jussit* » et leur fit obtenir des conditions plus douces (1). — La *lex censoria*, ainsi se nommait le contrat de bail ou de louage, ne devait pas durer au delà de la censure, et n'avait point force obligatoire pour le censeur suivant. La nomination d'un censeur valait résiliation de tous les marchés ou contrats antérieurs.

Ces marchés se passaient à Rome ; les censeurs, magistrats locaux et purement romains, ne devaient traiter que sur le lieu de leur compétence, à moins d'impossibilité, et seulement des

_____

(1) Tit.-Liv., 39, 44.

affaires romaines; ce ne fut qu'à titre exceptionnel qu'ils traitèrent avec des entrepreneurs au nom des colons de Calatia, et d'Oximium (1). — Une exception pareille se rencontrait en Sicile, ou la *lex provinciæ* stipulait que les *redemptiones* auraient lieu sur place (2).

La compétence administrative du censeur était indépendante de la compétence spécialement relative au cens. Celle-ci cessait avec les purifications et les sacrifices qui terminaient le lustre. On a au contraire des exemples d'actes valablement passés par des censeurs après le recensement, ou même par des censeurs qui n'en ont jamais fait (3). De plus cette compétence n'était pas exclusive, et en cas d'absence ou de démission des censeurs elle passait particulièrement au consul ou au préteur urbain (4).

III. Nous arrivons à leurs fonctions judiciaires. Elles étaient assez nombreuses, et répondaient à la multiplicité de leurs fonctions. — On les voit en effet chargés de juger les procès de propriété entre l'État et les particuliers. Ils ont le « *jus publicorum privatorumque locorum* (5) ». — La loi agraire de l'an 644 leur donne le droit de juger des contestations qui se produiraient à propos de l'*ager publicus* (6). En matière de police, ils peuvent faire disparaître les objets qui nuisent à la circulation, notamment les tréteaux élevés pour un spectacle public, ou au contraire les autoriser. Leur droit est d'ailleurs soumis à l'appréciation du Sénat qui peut retirer l'autorisation accordée.

Enfin les marchés d'entreprises étaient une source de litiges qui rentraient dans la compétence du censeur.

Généralement les faits venaient d'eux-mêmes à sa connaissance ; cependant on connaît des cas où les particuliers étaient

---

(1) Tit.-Liv., 41, 27.
(2) Cic., *Verr.*, 3, 6, 15.
(3) Corp. Insc. lat., 1, 608, 614. — Id., 6, 2234. — Cic., *ad Att.*, 1, 17.
(4) Mommsen, *op. cit.*, 2, 421.
(5) Tit.-Liv., 4, 8.
(6) Loi dite Thoria, cap. 17, 4.

engagés à faire des révélations par l'abandon d'une partie de l'amende qui était infligée au coupable (1).

La procédure variait suivant que les deux parties en cause étaient l'État et un particulier, ou deux particuliers. Quand l'État était en cause lui-même, la forme de procédure usitée était celle de la *cognitio* (2). L'idée de soumettre l'État à une juridiction supérieure était étrangère aux Romains, ils y auraient vu une abdication du pouvoir de l'État ; et les premiers pas en ce sens datent seulement des *prætores ærarii* créés par Auguste. Il ne s'ensuivait point que le particulier fût sans défense, car il pouvait compter sur l'esprit de justice des magistrats, et il trouvait un secours dans le principe de la collégialité. Le tribunal des censeurs paraît avoir été moins formaliste que celui du préteur, et avoir tenu davantage compte des tempéraments d'équité (3). On leur attribua même l'invention des actions *bonæ fidei* (4). La plupart des causes qu'il devait juger consistaient dans l'examen d'une obligation de faire (*facere, non facere*) contractée par des entrepreneurs, ou imposée à des particuliers. L'obligation de payer (*dare*) regardait le questeur.

Pour obtenir satisfaction après jugement, il y avait deux moyens. Le plus usité consistait à vendre la créance de l'État au plus offrant. L'adjudicataire en poursuivait alors le recouvrement devant les tribunaux ordinaires comme une simple affaire privée. Tel était le procédé usité en cas de faillite d'un entrepreneur. — L'adjudicataire était inscrit comme créancier de l'État pour la somme qu'il versait, et le failli inscrit comme

---

(1) S. C. cité par Frontin, 127.

(2) Cic. in *Verr.*, action 2, 50. « Factum est s. c. quibus de sartis tectis cognitum et judicatum non esset, uti C. Verres, P. Cælius prætores cognoscerent et judicarent. »

Le censeur est ici remplacé par le préteur. — L'affaire dont il s'agit est l'adjudication des travaux de réparation du temple de Castor à Rome.

(3) Varron, 6, 71, oppose le « prætorium jus ad legem » et le « censorium udicium ad æquum ».

(4) Mommsen, *R. staatsr.*, 2, 457.

débiteur pour la même somme sur les livres du Trésor, lui était assigné en paiement (1). — Dans le cas où ce moyen ne pouvait être employé, par exemple en cas de troubles de possession, il n'y avait pas d'autre moyen de contrainte que la *multa* ou la *pignoris capio;* et le censeur en usait dans les limites du droit de *coercitio* (2).

D'autre part, le censeur pouvait connaître des procès entre particuliers comme le préteur. Ce droit lui est reconnu par plusieurs lois agraires. De plus il statuait dans bien des cas qui étaient réglés par les conceptions particulières des Romains. Ainsi dans les procès entre fermier de l'impôt et particuliers imposés, — dans les dénonciations d'entreprises sur le domaine public, ou de délits punis par une amende dont l'accusateur recevait une part. Le pouvoir des censeurs déclina à la fin de la République. Ils ne furent nommés qu'à de longs intervalles ; le consul et le préteur remplirent leur rôle. Ce qui paraît bien prouver cependant que la juridiction normale « *inter populum et privatos* » était celle des censeurs, c'est la nature même des fonctions qu'ils remplissaient, et le fait que plus tard les litiges relatifs aux eaux publiques durent être portés d'abord devant les *curatores aquarum*, et à défaut seulement de ceux-ci, passer dans la juridiction du préteur.

Auguste se fit décerner le titre de censeur, qui fit partie de la nomenclature impériale, jusqu'à l'époque de Domitien (3) ; les fonctions censoriales étaient dévolues pour la plupart à des collèges de *curatores* que nous retrouverons bientôt.

§ 4. Magistrats nommés « agris dandis, assignandis ».

— Nous rapprochons des censeurs les

1) *Lex* dite *Tehoria*, 17, 4.

(2) L. Papirius, P. Pinarius, « censores multis dicendis vim armentorum a privatis in publicum averterant. » — Cic., *de Rep.*, 2, 35. — Tit.-Liv., 43, 16. — Frontin, 129.

(3) On voit l'empereur Claude fixer les limites du Pomérium à titre de censeur (Orelli, 710). — Titus et Vespasien font de même en la même qualité.

magistrats spéciaux qui étaient nommés dans les lois agraires pour faire le partage des terres. Le pouvoir régulier et constitutionnel était celui du censeur; peut-être même à l'origine fût-ce le magistrat supérieur qui présida à ces distributions (1). Cependant on vit bientôt une coutume différente s'établir (2). La loi de partage, faite par le consentement du peuple et du Sénat, porta le nom des commissaires spéciaux qui étaient créés *agris dandis, assignandis.* — Ces magistrats étaient nommés suivant le principe de collégialité, et en nombre variable ; on les trouve successivement au nombre de trois, cinq, sept, dix, quinze, vingt.

Leurs pouvoirs comprenaient : l'*adsignatio,* c'est-à-dire le droit de diviser, de partager les terres de l'*ager publicus* et de les faire passer dans le domaine privé; puis la *judicatio,* ou le droit de décider soit eux-mêmes, soit au moyen d'un renvoi aux jurés, des contestations de propriétés soulevées par les opérations. Ce dernier pouvoir fut sujet à d'assez grandes variations. Accordé aux commissaires désignés par la loi *Sempronia* (3), il ne fut plus compris plus tard dans une nouvelle création (4) ; puis un nouveau retour eut lieu, et la loi *Julia* (5) le leur rendit. Le projet que Cicéron combat dans son discours sur la loi agraire, proposait de nommer ces magistrats avec des pouvoirs presque illimités.

Ils avaient également le droit de *coercitio,* au moyen de la *multa.*

§ 5. **Édiles.** — Les édiles étaient à l'origine uniquement les magistrats du peuple. Créés dans la même révolution que les tribuns, ils devaient leur servir d'auxiliaires, saisir la per-

---

(1) Corp. Insc. lat., 6, 1232.
(2) Tit.-Liv., 1, 35 — 2, 31 — 3, 1.
(3) Tit.-Liv., 58.
(4) App. b. c., 1, 19.
(5) Loi Julia. Cic., *de Leg. agraria,* 2, 13.

sonne qui leur était désignée et exécuter la sentence (*prensio*, *executio*) (1).

Chargés également de la police intérieure de Rome, au moins en ce qui regarde les plébéiens, de la garde des édifices (*œdes*) et des lois plébéiennes (2), ils reçurent en l'an 300 le droit de faire exécuter leurs ordres par les moyens ordinaires (3).

A l'époque des lois Liciniennes, an 387 de Rome, ils perdirent leur caractère agressif ; les Sénateurs obtinrent une magistrature identique sous le nom d'édiles curules ; — plus tard même, bien que les conditions d'éligibilité fussent restées presque toujours différentes, on affecta de confondre leurs fonctions, et les édiles indistinctement furent les serviteurs des consuls et des censeurs, aussi bien que des tribuns (4).

Leur titre traditionnel nous a été conservé par Cicéron : « *curatores urbis, annonæ, ludorumque solemnium* », et les inscriptions nous l'ont transmis à peu près dans les mêmes termes : « *urbi, annonæ, solemnibus publice procurandis* » (5).

C'était une magistrature inférieure qui touchait à presque toutes les autres, et qu'il aurait suffi de dégager de ses liens de sujétion pour rendre considérable. C'est ce qu'avait compris Cicéron, quand pour grandir Pompée, il lui fit attribuer dans toute son étendue, la *cura annonæ*. — Dans son cours ordinaire l'édilité était surtout une magistrature de police urbaine, avec le droit de rédiger un édit.

---

(1) Tit.-Liv., 29, 20. — Plut., *Coriolan*, 16, 17, 18. — Cette mission des édiles était une exception au droit commun, car généralement c'était le *viavia* qui la remplissait. — Mommsen, *op. cit.*, 2, 467.

(2) La loi Publia, en l'an 415, et la loi Mœnia décidaient « ut legum quæ comitiis centuriatis ferrentur, ante initum suffragium patres auctores fierent ».

La loi Hortensia, en l'an 467 de Rome, donne aux lois votées par la plèbe, sur la proposition des tribuns, la même autorité qu'aux lois votées par le peuple sur la proposition des magistrats patriciens ; cela résulte de l'emplo de la formule : « Lex sive id plebi scitum est. »

(3) Dionys, 10, 50. — C'était la loi des consuls Sp. Tarpeïus et A. Aternius.

(4) Tit.-Liv., 34, 54, — 34, 44, — pour les édiles plébéiens ; Tit.-Liv., 39, 14.

(5) Henzen, 6, 968. — Cité par Mommsen, *op. cit.*, , 489, A. 1.

Les édiles avaient des attributions de police, — d'administration, — de justice.

I. Les édiles avaient la surveillance de la voie publique, ce qui comprenait l'entretien de la voie, le maintien de la libre circulation et la police des marchés. L'entretien de la voie consistait à procurer le nivellement, l'écoulement des eaux et la réparation de la chaussée (*silice sternere*) ; à faire réparer ou démolir les maisons voisines qui menaçaient ruine ; à faire observer les servitudes d'affouillement. — Le maintien de la circulation comprenait des règlements sur l'entrée ou la sortie des bestiaux et des grosses voitures, les objets exposés le long de la voie, etc. La police des marchés comprenait des règlements assez nombreux sur les ventes, notamment les ventes d'esclaves, et sur la garantie du vendeur.

II. L'entretien des édifices publics était souvent attribué aux édiles (1). Ils concouraient pour cette charge avec les censeurs, et les remplaçaient souvent, à cause du caractère intermittent de cette magistrature. Après le vote des fonds par le Sénat, ils eurent fréquemment le soin de faire les marchés d'entreprise. Ensuite ils recevaient les travaux (2). Quand il s'est agi de construire de nouveaux temples, soit en exécution de vœux publics, soit pour employer l'argent des amendes (*pecuaria*), on les voit donner leur avis et présider aux enchères (3). Ils n'avaient pas le droit de faire la dédicace, droit qui revenait aux consuls, aux censeurs ou aux préteurs (4) ou à des mandataires spéciaux, et plus tard passa aux empereurs (5).

A défaut des censeurs (6), c'étaient eux qui avaient le soin des aqueducs. Ils avaient la main sur les entrepreneurs qui avaient fait une soumission ; et ils veillaient à ce que ceux-ci inscrivissent sur les tablettes publiques le nom de leurs ouvriers, l'ouvrage

---

(1) Cic. *in Verr.*, 5, 14, 36. — Varr. — *de Re R.*, 1, 2, 2.
(2) C. Insc. lat., VI, 3823, arbitratu ædilium plebeiorum.
(3) Tit.-Liv., 23, 42, — 34, 53.
(4) Tit.-Liv., 9, 46, — 34, 53, — 7, 3, — 9, 46, — 3, 10.
(5) Tacit. *Ann.*, 2, 49.
(6) Front., *de Aquæductu*, 95.

qui leur était confié et le quartier où il était fait. Seuls, avec les
censeurs, ils donnaient l'autorisation d'amener les eaux dans le
cirque à l'époque des grands jeux (1).

III. Comme l'entretien des rues était à la charge des
riverains, et se faisait d'abord au moyen de corvées, les édiles
reçurent le droit de contraindre par des amendes les citoyens
récalcitrants à s'exécuter. Ils eurent aussi le droit d'adjuger à
l'entreprise l'obligation du débiteur négligent. Les lois récemm-
ment découvertes nous font connaître ce curieux procédé. Dix
jours avant l'adjudication, une affiche posée dans le *forum*,
devant le tribunal de l'édile, énonçait le nom de la route, de la
maison et le jour de l'adjudication. Notification en était faite au
contribuable en retard. Si celui-ci ne s'exécutait pas, on passait
aux enchères ; la somme demandée était inscrite sur les livres
du Trésor au compte du contribuable, et cette créance servait à
payer l'adjudicataire. — Au bout de trente jours, elle doublait
de moitié et l'entrepreneur adjudicataire pouvait se faire payer
par toutes voies de droit (2). — Dans le cas où la route longeait
un édifice public, la moitié attenante était mise à l'adjudication
de la même manière, mais cette fois au compte du Trésor.

Au même ordre d'idées se rattachait le droit de faire enlever
toute construction adossée à un portique ou à un bâtiment public qui en rendait l'usage moins commode (3).

Mentionnons enfin l'extension de leur surveillance municipale
à la répression des délits de droit commun et des atteintes portées à la religion de l'État (4).

Cette belle magistrature tomba en décadence sous l'empire.
Agrippa, qui introduisit à Rome l'*aqua Julia*, *Crabra*, *Virgo*,
et qui fit tant de choses, fut le dernier grand édile (5). —

(1) Frontin. de Aquæductu, 95, 97.

(2) *Lex Julia municipalis*, c. 2.

(3) *Id.*, c. 4.

(4) Tit.-Liv., 25, 1, — 39, 14, — 4, 30. « Datum inde negotium ædibus ut
animadverterent ne qui nisi Romani Dii, neu quo alio more quam patrio colo-
rentur. »

(5) Frontin, 9, 10, 102.

César avait déjà affaibli leur pouvoir en les multipliant (1). Les préfets de la ville leur enlevèrent ensuite la *tutela urbis*, et leurs attributions s'émiettèrent au profit de *curatores* spéciaux (2). Sous Caligula ils n'ont plus que le soin des rues de Rome, et encore trouvons-nous à côté d'eux les *magistri vicorum* créés par Auguste (3). Gordien porta le dernier le nom d'édile, mais l'édilité était morte depuis longtemps (4).

§ 6. Fonctionnaires inférieurs sous la République.

— A côté des grandes magistratures dont nous avons tenté de dégager le rôle par rapport au domaine public, on ne trouve à Rome que des fonctionnaires inférieurs en rang et d'importance bien moindre. Malgré la diversité de leurs fonctions, on les a souvent réunis sous le nom collectif de *XX viri* ou *XXVI viri ;* désignation commode qui paraît avoir prévalu (3) à la fin de la République, mais que les inscriptions mentionnent (6) rarement. Nous en ferons une brève énumération.

III viri capitales ; chargés de la surveillance de la ville (7) concurremment avec les édiles, et dont les fonctions furent réunies à celles du *præfectus vigilum* sous l'empire.

III viri auro, argento, æri flando feruudo (quelquefois *IV viri*).

IIII viri viis in urbe purgandis.

II viri viis extra urbem purgandis. Ces deux fonctions avaient

(1) Dion Cassius, 43, 48. — Suétone, *Cæsar*, 76.
(2) Suétone, *Vespasien*, 5. — Dion Cassius, 59, 12.
(3) Wilmans, 1715.
(4) « La dernière inscription relative à l'édilité que j'aie rencontrée, est une inscription concernant un personnage qui fut édile cériale, puis légat de légion sous le règne de Gordien. » Orelli, 3143. — Mommsen, *op. cit.*, 1, 540. A. 3.
(5) Festus 223. « Præfecti quatuor e viginti sex virorum numero. »
(6) Orelli, 2761, *XX, vir monetalis*.
(7) Tit.-Liv., 39, 14 et 17. — Valère Maxime, 8, 1. — Plaute, *Persa*, v. 73.

été créées par la loi Julia municipale (1). Les premiers s'occupaient de l'intérieur de Rome, les seconds des routes situées
dans un rayon d'un mille autour des murs. Ils disparaissent de
bonne heure.

X viri litibus judicandis.

IIII viri præfecti Capuam Cumas.

Nous trouvons enfin des *curatores viarum* établis par une loi
Visellia du septième siècle formant généralement collège, et
chargés de terminer les routes laissées inachevées par le magistrat qui les avait entreprises (2).

Faut-il encore nommer toute cette masse de petits employés
qui se pressaient autour des magistrats et dont les censeurs, au
dire de Tite-Live, avaient une telle quantité sous leurs ordres :
appariteurs, viateurs, licteurs, greffiers (*scribæ*), souvent organisés en collèges ou d'écuries, conservant des règles profession-
nelles, et se transmettant leurs charges à prix d'argent ; les
servi publici, qui avaient une condition à part, et qu'on récom-
pensait souvent par l'affranchissement ; et ceux qui étaient
employés au service des temples ; les *ædituni* ou *ædituui* (3).

En cas d'incendie, on s'était longtemps contenté des services
volontaires ou payés (4) des particuliers. Auguste établit le
premier un corps de 600 esclaves distribués en *regiones* ou *vici*,
et placés sous les ordres des édiles curules. Agrippa pour remplir ses fonctions d'Édile réunit une *familia* de 240 individus
qu'il légua à l'État après sa mort (5). Une autre famille de
460 personnes servit à Claude dans les travaux qu'il entreprit.
Il paraît que sous le Bas-Empire, l'existence de ces malheureux,

---

(1) *Lex Julia*, c. 2. Ils ont un conseil près d'eux. — Wilmans, 789. « Duo
viri de C(onsilii) S(ententia). »

(2) C. I. lat., 1, 593. — *Id.*, 279. — *Id.*, 600.

(3) Tacit., Hist., 1, 43, — 3, 74. — Varr., *de Re R.*, 1, 2.

(4) *Dig.*, 1, 15, 1. — Velleius raconte qu'un certain M. Egnatius Rufus,
nommé édile en 732, se concilia la faveur du peuple en consacrant sa familia
au service des incendies, 291.

(5) Frontin, 98, 116.

enchaînés à leur condition sans espoir d'en sortir, était intolérable ; pour les empêcher de fuir, l'empereur Zénon ordonna
de les marquer à la main du signe impérial.

SECTION III

FIN DE LA RÉPUBLIQUE ROMAINE — L'EMPIRE

Nous ne pouvons suivre les magistratures romaines au milieu
de tous les bouleversements politiques et sociaux qui agitèrent
la fin de la République. Leur nom subsiste encore, la vie et
l'esprit politique qui les animaient autrefois, sont à peine un souvenir.

Cependant lorsque le 13 janvier 727 l'ancien triumvir Octave
César déposa ses pouvoirs exceptionnels entre les mains du
Sénat, il se glorifia d'avoir restitué la République (1). On vit
reparaître les noms de peuple, de Sénat, de consul, de tribun
d'édile ; lui-même se contentait d'être le premier magistrat
de la République, sous le nom d'Auguste, nom religieux et
nouveau (2), approprié à l'ère nouvelle. Cette restauration
n'était qu'un mensonge politique. En réalité rien de ce qui
avait été ne devait renaître ; et sous le masque des vieilles
institutions l'Empire allait peu à peu se développer jusqu'à
l'épanouissement de l'autocratie dioclétienne.

Ce changement a été si considérable, il a eu sur l'administration même du domaine public une telle influence, qu'il est impossible de ne pas se demander comment s'est établi le nouvel ordre de choses, comment l'ancien a disparu.

---

(1) Inscription d'Ancyre : « In consulatu sexto et septimo... rem publicam
ex mea potestate in senatus populique romani arbitrium transtuli. »

(2) « Sancta vocant Augusta pates, Augusta vocantur
   Templa, sacerdotum rite dicata manu. » (Ov., *Fastes*, 1, 609.)

§ 1. Caractère du gouvernement impérial (1). — Sur quel principe reposait le nouveau pouvoir? Décidé à lui donner une forme constitutionnelle, Auguste hésita d'abord sur le choix de la magistrature qu'il adopterait. Il pensa quelque temps à un consulat perpétuel, uni avec le pouvoir censorial, et fut en effet consul de 727 à 731 ; puis quelques difficultés constitutionnelles lui firent abandonner ce plan, et il déclara formellement qu'il abdiquait le consulat. Il préféra s'appuyer sur deux titres moins en relief, mais qui lui donnaient l'un la puissance militaire, *imperium infinitum,* l'autre la puissance civile, *potestas* (2), c'est-à-dire le proconsulat attaché au titre d'*imperator* et la puissance tribunitienne illimitée, comme il convenait au représentant du peuple (3).

Aussi le gouvernement du prince devait-il être avant tout un gouvernement personnel (4). Revêtu du caractère absorbant de la magistrature, le prince est renfermé tout d'abord dans certaines limites constitutionnelles, et obligé d'agir par lui-même (5). Il doit respect aux lois, dont il n'est que le mandataire. Cette obligation du reste n'avait rien de pénible, car une loi spéciale peut le dispenser d'obéir à une loi générale. C'est ainsi qu'Auguste se fit exempter des prescriptions de la loi Julia et Papia, qu'il avait présentée lui-même.

____

(1) Mommsen, *R. staatsr.*, 2, p. 727, 907, 867. — Holtzendorff, *Encycl.*, p. 103.

(2) Le jour de l'avènement s'appelle *dies imperii* dans les actes des frères Arvales.

(3) Suivant la remarque de Mommsen (*R. staatsr.*, 2, 837), l'empereur n'était pas le collègue des tribuns, il avait la *tribunitia potestas.* « Id summi fastigii vocabulum Augustus reperit ne regis aut dictatoris adsumeret, ac tamen appellatione aliqua cetera imperia promineret. » (Tac., *Ann.*, 3, 56) La collation d'une « tribunitia potestas » du second ordre prépare l'avènement du successeur. « Summæ rei admovere. » (Tac., *id.*)

(4) Hor. ep., 2, 1. « Quum tot sustineas et tanta negotia solus. »

(5) Inscription d'Ancyre : « Potestatis autem nihil amplius habui quam qui fuerunt mihi quoque in magistratu conlegæ, etc. » — Les droits exceptionnels qu'il possède lui sont donnés par une loi (Dig., 1, 3, 31). — Code 6, 23, 2.

Cette faveur devint même une présomption légale destinée à justifier les actes extra-légaux du prince, puis une clause de style insérée dans la « *lex imperii* » qu'on rendait au début de chaque règne (1).

Les Césars avaient donc trouvé la forme la plus puissante du pouvoir absolu, celle qui est inscrite dans des lois constitutionnelles. Seulement ils devaient être seuls à porter le fardeau du pouvoir.

Les armées sont toujours placées sous leur direction immédiate, et les fonctionnaires civils, depuis les plus hauts jusqu'aux moindres dépendent d'eux, et n'occupent que des cantons déterminés. C'est le trait principal de l'empire des Césars, ce qui le distingue de la constitution Dioclétienne où apparaissent de véritables ministères dans le sens moderne du mot. Il n'y a presque jamais de fonctionnaires extraordinaires; c'est le prince lui-même qui agit soit en personne, soit au moyen de ses délégués. C'est ainsi que sous Trajan la direction générale des questions alimentaires est placée entre les mains de fonctionnaires sans titre officiel; tandis qu'à la tête des districts sont des fonctionnaires en titre. C'est ainsi encore que les grosses constructions de Rome etdes provinces sont réservées à la direction de l'empereur, et que les agents qui les exécutent n'ont point le caractère de magistrats. En règle générale le Sénat n'est jamais consulté, et la proposition d'Helvidius Priscus (2) n'était qu'un acte d'opposition stérile. Aucun autre nom n'est inscrit sur les monuments que celui de l'empereur ; le constructeur lui-même, affranchi ou chevalier, nous est généralement inconnu.

Le pouvoir législatif ne fut pas tout d'abord aussi pleinement envahi que le pouvoir exécutif. Les sénatus-consultes restent encore la principale voie employée pour exprimer des décisions

____

(1) Code, 6, 23, 3. « Licet enim lex imperii solemnibus juris principem verit. »

(2) Tacite, *Hist.* 4, 9. « Censuerat Helvidius « ut Capitolium publice restitucretur, adjuvaret Vespasianus ». Eam sententiam modestissimus quisque silentio, deinde oblivio transmisit. Fuere qui et meminissent. »

générales. Le prince avait cependant le droit de faire des édits, non seulement pour des cas spéciaux, mais encore en forme de mesure universelle. De plus il envoyait des instructions à ses officiers (*mandata*) ou donnait des décisions (*decreta interlocutiones*), ou leur répondait par lettres (*epistolæ suscriptiones*). Toutes ces formes de l'intervention impériale sont assez difficiles à différencier. Toutes du reste furent revêtues de la même sanction ; (1) car il était naturel de mettre l'infaillibilité de l'empereur aussi bien dans les petites que dans les grandes choses. On en tint registre dans les *commentarii* (2), et le tout sous le nom d'*acta* ou de *constitutiones*, fut compris avec les lois dans le serment que prêtaient, au 1ᵉʳ janvier, les magistrats et les fonctionnaires de l'Empire. Bientôt s'y joignit le droit d'interprétation, et quoi qu'on eût d'abord refusé d'accorder une autorité permanente à des décisions individuelles (3), les *rescripta* du prince devint rent depuis Trajan une des sources de l'interprétation du droit pour tout l'empire.

Le prince réunit donc sous sa main les différents pouvoirs dont nous avons étudié la diversité ; sans distinction entre les matières administratives et les matières judiciaires. Les différences qui séparaient le pouvoir du censeur et celui du préteur sous la République n'existent plus; si les anciennes institutions n'ont pas complètement disparu, cependant César devient maître sur toutes choses directement ou par voie d'appel. Nous allons étudier ce qui restait encore des vieilles magistratures, nous dirons ensuite comment étaient organisés les différents fonctionnaires placés sous les ordres de l'empereur.

---

(1) Gaius, 1, 5. « Constitutio principis est quod imperator decreto vel edicto vel epistola constituit : nec unquam dubitatum est quin id legis vicem obtineat cum ipse imperator per legem imperium accepiat. » — Ulpien, *Dig.*, 1, 4, 1.

(2) Pline, *Epist.*, Lettre de Trajan, n° 101. « Referri in commentarios meos jussi. »

(3) *Dig.*, 1, 4, 1, 2. « Constitutiones personales... ad exemplum non trahuntur. »

§ 2. Caractère des anciennes institutions qui subsistent sous l'Empire. — On voit encore, à côté du pouvoir impérial, subsister le Sénat, où se réfugient les dernières forces de l'ancien régime, et certaines magistratures qui s'appuient sur lui.

Le Sénat devient un conseil de gouvernement. C'était le rôle qu'il avait déjà joué sous la République ; mais au lieu de diriger les grandes affaires, d'avoir la direction du Trésor, d'influer puissamment sur l'élection des magistrats supérieurs ; il voit peu à peu tout ce qui est important lui échapper, et il se contente d'examiner les affaires que le prince veut bien lui abandonner. Aussi fut-il maintenu avec le plus grand soin. Auguste voyait dans son existence une garantie contre les reproches d'usurpation, un instrument de gouvernement facile (1), et une récompense ou une école pour les administrateurs dont il voudrait se servir. Du reste, il n'y avait guère à craindre de velléités d'indépendance : les anciennes familles sénatoriales étaient éteintes ou ruinées; et presque tout le Sénat se composait d'hommes nouveaux (2), sortis des municipes, qui devaient à César leur nomination, et lui rendaient leurs honneurs en servilité (3).

Ce plan s'affirma encore par le partage des provinces qui intervint entre Auguste et le Sénat.

L'Italie et les provinces centrales soumises depuis longtemps (*inermes*) échurent au Sénat qui en eut l'administration au moyen des magistrats qu'il nommait encore. Les provinces militaires (4) furent comprises dans le domaine du prince qui en disposa souverainement au moyen de ses *legati*.

Il faut ajouter que même dans les provinces qu'il n'avait pas

---

(1) « E campo comitia ad patres translata sunt. » (Tacite, *Ann.*, I, 15.)

(2) Tacite, *Ann.* 3, 55 : «... Homines novi e municipiis et coloniis... in senatum crebro assumpti. »

(3) Tacite, *Ann.*, 1, 7. « At Romæ ruere in servitium consules, patres... »

(4) La Gaule, la Syrie, l'Espagne, et les provinces qui ne sont pas formellement réunies à l'Empire, mais soumises à un protectorat perpétuel, comme l'Égypte, les Alpes noriques, etc.

en propre, le prince conservait le *majus impérium*, ou le droit de commander aux proconsuls sénatoriaux (1).

Les anciennes magistratures subirent la même décadence. L'Empire ne leur avait pas enlevé cependant le prestige des pouvoirs issus de l'élection, que leur conférait le choix du Sénat ou du peuple. De même que sous la République, ils dominaient les simples mandataires auxquels un magistrat avait délégué une partie de ses pouvoirs; ils furent encore dans la hiérarchie sociale au-dessus des fonctionnaires nommés par l'empereur; mais ils n'avaient plus la réalité du pouvoir. Ils étaient atteints à la fois dans la source et dans l'étendue de leur puissance.

Auguste avait encore laissé nommer les magistrats par un mode populaire. On sait qu'il votait dans les deux tribus où il était inscrit (2), et qu'il se montrait sur la place publique accompagné des candidats qu'il favorisait (3). Il n'hésita point cependant quand les choix lui parurent douteux à reprendre sa puissance triumvirale, et à nommer lui-même les candidats (4). Tibère fit un pas de plus, et transporta les élections au Sénat, où sa volonté dominait d'une façon exclusive, bien qu'il cherchât toujours à en voiler l'expression (5). A partir de la fin du règne de Néron les consuls sont toujours désignés par le prince (6), et les autres magistratures pourvues en partie par lui, en partie par le Sénat. Il y avait trois classes de candidats : les candidats qui s'offraient d'eux-mêmes (*grex candidatorum*) (7), les candidats dont le prince approuvait la candidature sans les désigner formellement (*qui apud imperatorem*

----

(1) *Dig.*, 1, 16, 8. « Proconsul... majus imperium in ea provincia habet omnibus, post principem. » (Tacite, *Ann.*, II, 43.)

(2) Suétone, *Aug.*, 40.

(3) Suétone, *Aug.*, 56.

(4) Dion, 54, 10; 55, 34.

(5) Tacite, *Ann.*, I, 81.

(6) Tacite, *Hist.*, I, 77; II, 71.

(7) Æl. Spartianus, *Vita Severi*, c. 3. « Prætor designatus a Marco est, non in candida, sed in competitorum grege. »

profitebantur), et enfin les candidats désignés par lui (com-
mendati) par la voie de la *suffragatio* (1).

Sous Dioclétien les consuls sont nommés directement par
l'empereur (2).

Si l'on cherche maintenant quel était le rôle de ces différents magistrats, on voit combien il est réduit. Les consuls
président encore le Sénat; certaines commissions, ou diverses
cérémonies leur sont réservées ; mais ils ne commandent plus
les armées et n'ont pas la direction générale des affaires. Les
préteurs rendent encore la justice, mais ils sont soumis à l'appel près du prince. La censure est réunie au principat; l'édilité se borne à des soins de salubrité publique, et peut-être de
police inférieure. La vie politique s'est concentrée entre les
mains du prince et de ses auxiliaires.

Parmi les nombreux démembrements de la censure, dont
héritèrent divers fonctionnaires, une seule partie demeura à la
nomination du Sénat : la « *cura locorum publicorum judicandorum* »; régulièrement elle devait donc trouver ici sa place.
Nous croyons cependant préférable de la rejeter au dernier
chapitre, pour la comparer plus facilement aux autres et différentes *curæ*.

Il nous reste à voir quels sont les fonctionnaires que le principat a substitués aux anciens magistrats, et comment ils s'ac-
quittent de leur rôle, principalement en ce qui touche la protection du domaine public.

Nous en voyons deux catégories : les fonctionnaires qui dépendent immédiatement de l'empereur, et qui sont ses délégués personnels; et certains magistrats qui, sous le nom de
curatores, constituent encore un collège et gardent entre eux
une partie des anciennes traditions.

§ 3. **Fonctionnaires placés sous les ordres de l'empereur.** — On sait de quelle utilité furent pour

(1) Tacite, *Ann.*, I, 81. — Pline, *Paneg.*, 69.
(2) Mommsen, *R. St.*, II, 888.

Auguste les services d'Agrippa et de Mécène. L'un fut le commandant des troupes et plus tard le chef des travaux publics; l'autre fut le chef de la police et de l'administration intérieure. Ils ne reçurent pas cependant d'appellation précise. Ce ne fut qu'assez tard que ce prince se décida à créer en quelque sorte des départements d'affaires. Depuis lors le nombre et l'influence des fonctionnaires ne fit que s'accroître.

Le premier et le plus important de tous, est le préfet du prétoire. Commandant des forces destinées à l'occupation de Rome et de l'Italie, il devient rapidement le second personnage de l'empire. Séjan sous Tibère, Titus sous Vespasien, Perennis sous Commode, Timésithée sous Gordien, reçurent successivement cette charge; et il ne fut pas rare de voir l'empereur tenter d'assurer leur fidélité par de proches alliances. — Outre le commandement des troupes d'Italie, ils avaient la direction générale des provinces, et recevaient l'appel des jugements rendus par les *præsides* ou *præfecti*. Ils jugeaient en dernier ressort. Cette branche de leurs attributions devint même d'une telle importance qu'on vit les jurisconsultes les plus célèbres occuper cette préfecture.

A côté du préfet du prétoire se trouvait le préfet de la ville (1). Sa fonction principale était la police de Rome (*tutela Urbis*) et de l'Italie jusqu'à cent milles de Rome. Il commandait quelques troupes détachées de celles du préfet du prétoire et avait sa résidence au *Forum Suarium*. Il connaissait de la justice criminelle, directement ou en appel; ses jugements n'étaient pas sujets à cassation. Concurremment avec le préfet du prétoire, il avait la surveillance des lieux saints et religieux.

Au-dessous d'eux se trouvaient les *legati Cæsaris*, les présidents des provinces — et enfin la multitude des divers fonctionnaires spéciaux dont le nom générique est *procuratores* (2).

____

(1) *Dig.*, 1, 12,

(2) Le titre de *procurator* conférait la noblesse équestre. Tacite dit : *Vie d'Agricola*, 4. « *Quæ equestris nobilitas est.* » Il l'oppose, dans le même passage à la noblesse sénatoriale : « *Senatorii ordinis* ». Nous croyons donc

C'étaient surtout des intendants qui administraient les biens de César ou les revenus du fisc. On trouve en effet des *procuratores ad annonam, vicesimæ hereditatum* à Rome ou dans les provinces, *ad bona damnatorum, Aug. prædiorum saltuum;* un d'eux est chargé de la bibliothèque d'Alexandrie, un autre de fournir des gladiateurs pour les jeux publics, etc... (1).

Ailleurs on trouve le nom de *præfectus*, pour désigner ceux qui ont le service des transports, le commandement de la flotte, etc. (2).

Le titre de *præpositus* paraît avoir été inférieur aux autres.

La plupart de ces fonctionnaires semblent avoir eu le droit de décider des questions litigieuses, au moins administratives, car ils portent fréquemment le titre de *juridicus* (3).

§ 4. **Fonctionnaires chargés des attributions de la censure. — Curæ**. — Nous rencontrons maintenant quelques magistratures particulières qui formaient une sorte de transition entre les magistratures sénatoriales et les fonctions qui dépendent du service du prince. Ce sont celles qui ont été successivement détachées de la censure et de l'édilité.

On en comptait quatre. Elles furent successivement instituées : la *cura viarum* en 734, la *cura aquarum* en 743, la *cura operum publicorum* vraisemblablement à la même date, et la *cura alvei Tiberis* en 768.

Chacune formait un ensemble à l'exemple de la *Cura Annome* créée en 732 ; mais tandis que celle-ci demeurait en la main du prince, qui établissait seulement des *præfecti* en sous-ordre, celles-là étaient placées sous la direction de personnages impor-

que l'interprétation proposée dans l'édition de Tacite dirigée par M. Naudet, « grade qui pour un chevalier, vaut un titre de noblesse », est défectueuse.

(1) Wilmans, 1250, 1251, 1252, etc... 3185. Les *proc. a regionibus* de Rome sont souvent des affranchis. (Wilmans, 360, 361.)

(2) *Id.*, 1251, 1261.

(3) *Id.*, 1250.

tants, de sénateurs de première ou de deuxième classe (*consulares, prætorii*).

Leur condition tenait à la fois de la magistrature sénatoriale et de la fonction impériale ; nommés par l'empereur qui avait reçu du Sénat le droit de décider de la *cura ;* permanents et non annuels, ils avaient cependant les insignes de la magistrature ; leurs fonctions étaient comprises dans le *cursus honorum,* et ils jouissaient des mêmes exemptions que les magistrats. Ils formaient ensemble un collège (1) dont les membres plus ou moins nombreux n'avaient pas toujours même rang ni même compétence. Il n'y a que la *cura operum,* où les deux noms se présentent sous la forme de la collégialité, et encore depuis Dioclétien voit-on les attributions partagées entre eux ; il y a un *curator operum maximorum* et un *curator operum publicorum.* Pour les trois autres *curæ* on a adopté le principe monarchique où un seul a la haute direction ; depuis Vespasien on ne trouve même sur les bornes que le nom d'un seul *curator riparum ;* et Frontin qui nous donne la liste des *curatores aquarum* qui l'ont précédé n'y inscrit que le nom des chefs.

I. La *cura viarum* était la plus ancienne. — Autrefois confiée aux censeurs et aux consuls ou à leurs délégués pour l'Italie, aux *IV viri* dans l'intérieur de Rome, elle fut distribuée par Auguste entre différents personnages qui eurent chacun la surveillance d'une voie principale (2). C'était la moins considérable des quatre *curæ ;* on en était revêtu après la préture. — La compétence du *curator* commençait aux portes de Rome. Il avait le droit de faire les contrats avec les *redemptores* et de surveiller l'exécution des travaux. Il pouvait autoriser les

---

(1) Pline, *Epist.,* 5, 15 ; 7, 21.

(2) L'habitude de charger un personnage unique de la cura d'une route est déjà ancienne. Nous ne pouvons guère que rappeler la loi Visellia ; mais on voit Cicéron (*ad Att.,* 1, 1) parler de Thermus, qui a la cura de la voie Flaminienne, et s'en fait un titre de popularité. — César était *curator* de la *via Appia* (Plutarque, *César,* 5), etc... Cette fonction demeura toujours estimée sous l'Empire (Pline, *Epist.,* 5, 15).

constructions qui touchaient à la voie publique (1), ou faire démolir les constructions non autorisées qui gênaient la circulation (2).

II. Ensuite venait par ordre d'importance la *cura operum publicorum*, organisée par Auguste vers la même époque que la *cura aquarum*. — Elle comprenait d'abord deux membres qui paraissent avoir été ensemble sur le pied d'égalité. Plus tard les inscriptions en mentionnent tantôt un seul (3), tantôt deux (4), sans grande régularité ; nous avons vu que depuis Dioclétien la charge fut divisée en deux catégories. Les personnages qui l'occupèrent étaient tantôt consulaires, tantôt revêtus seulement d'honneurs inférieurs (5). — Ils désignent à celui qui a été autorisé à élever un monument, une place qui ne cessera point d'être publique (6). Ils font enlever des statues posées sans droit, et imposent un *solarium*. Ils s'occupent des temples.

Ils n'avaient le droit ni de déterminer les limites, ni de décider des contestations. Ces deux droits qui sont généralement réunis ne paraissent pas leur avoir été attribués, mais appartenaient au contraire soit au prince, soit à des fonctionnaires spéciaux.

Ils avaient d'une façon générale la charge de l'entretien des monuments publics, bien que leur titulature ne soit pas constamment la même. On trouve quelques inscriptions qui mentionnent des *curatores œdium sacrarum publicorumque monumentorum tuendorum* (7). La même charge reçoit ailleurs

---

(1) *Dig.*, 43, 23, 2.

(2) *Dig.*, 5, 6, 2.

(3) C. I. l. 1352, a. p. Chr. 199.

(4) Orelli, 6575, a. p. Chr. 161 ; — 6574, a. p. Chr. 210 ; — 3111, a. p. Chr. 335.

(5) Mommsen, *R. Staatsr.*, 1004, note 2.

(6) C. I. l. 1585, a. p. Chr. 193. « Libellus L. Septimi augg. l. adrasti ex officio operum publicorum in verba hæc scripta severo augusto : domine permittas rogo ut..... », et surtout l'inscription suivante, trop longue pour être rapportée ici.

(7) Wilmans, 1130 ; — Orelli, 3109 ; — Wilmans, 1273.

l'addition suivante : *Cur. œd. sac. locorum et operum publico-rum tuend.* (1). Ces distinctions prouveraient que s'il y a eu quelque distinction à faire au début, celle-ci aurait été effacée par la suite.

En tout cas la *cura operum* ne saurait se confondre avec certaines charges temporaires que les inscriptions nous dési-gnent sous le nom de *cura locorum publicorum judicandorum*. Ces *curatores* rentrent dans la catégorie des magistrats : ils sont nommés par le Sénat et annuels. De plus la charge, sans être fort importante en elle-même, était remplie par des person-nages de haute distinction. Les pierres qui nous ont transmis leurs noms et leurs fonctions nous font voir à leur tête un personnage consulaire dont le nom se trouve même écrit en caractères plus forts que les autres (2). Ils ne formaient pas un collège persistant. On voit en effet qu'Auguste prit soit dans son pouvoir impérial (3), soit dans un mandat spécial du Sénat (4), le droit de rétablir les limites du domaine public, et que les autres empereurs se dispensèrent même de la formalité du sénatus-consulte. C'est ainsi que Vespasien chargea le collège des pontifes de faire cette reconnaissance (5). Il ne faisait qu'imiter Tibère, qui, avant de créer la *cura alvei Tiberis*, avait simplement délégué ses pouvoirs. Il est évident

---

(1) Mommsen, *Röm. Staatsr.*, II, 1006, note 2. Il voit dans la *cura œdium* et la *cura operum publicorum* le même emploi sous deux noms différents. Mommsen, II, 434, 443, 953.

(2) C. I. l., VI, 1266. « T. Quinctius Crispinus Valerianus, C. Calpetanus... curatores locor. publicor. indicandex. s. c. causa cognita ex privato in public. restituer. — 1267. « Aspreas... »

(3) C. I. l., VI, 1262. — Orelli, 3261. « Imp. Cæsar Augustus a privato in publicum restituit in partem dexteram recta regione ad proxim. cippum ped. 182 et in partem sinistram recta regione ad proxim. cippum ped., 178. » — Orelli, 3262. — Wilmans, 844, 853, etc.

(4) C. I. l., VI, 1236. « Imp. Cæsar, Divi f. Augustus Pontifex Maximus Tribunic. potest. XVII, ex. s. c. terminavit. »

(5) C. I. l., VI, 933. — Orelli, 3261. « Imp. Cæsar Vespasianus Aug. Pontif. Max. Tribunic. potest. VI, imp. XIIII p. p. cos. VI desig. VII censor locum viæ publicæ occupatum a privatis per collegium pontificum restituit. »

du reste qu'il n'était plus question de magistrature, dans le sens que nous avons attaché à ce mot.

III. La *cura riparum et alvei Tiberis* rentrait autrefois dans les attributions des censeurs et des consuls. Auguste nomma des commissaires qui cependant n'eurent pas le caractère de curateurs (1). Tibère nomma deux sénateurs (2), puis enfin constitua une cure (l'an 15 ap. J.-C.). Une pierre de délimitation trouvée sur les bords du Tibre énonce qu'ils étaient au nombre de cinq, et qu'ils furent les premiers constitués « *qui primi fuerunt* ». Ils étaient tous consulaires. Ils avaient seuls le droit de se donner des remplaçants, appartenant à l'ordre des chevaliers qui portaient le titre de *præfecti* (3). Ils avaient la mission de prévenir le débordement du Tibre en en fortifiant les rives ; et sans doute aussi devaient veiller à toutes les choses qui s'y rapportaient. C'est ainsi que depuis Trajan ils joignent à leurs fonctions la surveillance de cloaques ; de sorte que leur titre complet devient « *curator alvei et riparum Tiberis et cloacarum Urbis* ». Dans la *notitia dignitatum* on voit un *comes riparum*, etc... qui tient leur place.

IV. La *cura* la plus honorée était la *cura aquarum*, pour laquelle on ne nommait que des personnages consulaires, et des hommes considérables. Un d'eux avait la direction suprême. On peut en mesurer l'importance sur le nombre de sénatusconsultes qui s'y rapportent, et sur la haute opinion que Frontin s'en faisait. Elle n'était pas déchue au temps de Cassiodore comme le montre un curieux diplôme, que nous avons encore. Le curateur avait une foule d'employés sous ses ordres et une compétence très étendue non seulement administrative, mais contentieuse. C'était un reste de l'ancienne *judicatio*. — Les travaux étaient payés tantôt par l'État, tantôt par le

____

(1) Suétone, *Aug.*, 37, les compte parmi les *nova officia* ou *curæ* créées par Auguste. C'est une erreur démentie par Dion, 57, 14, et une inscription (C. I. l.), 1, 180.

(2) Tacite, 1, 76.

(3) Orelli, 2276.

fisc, quelquefois d'un commun accord par tous deux. — Au temps de Claude un *procurator* spécial, d'abord affranchi, puis du rang de chevalier, vint empiéter sur leurs fonctions. Il porte à la fin du deuxième siècle le nom de *curator aquarum et Miniciæ* (1).

SECTION IV

PROTECTION DU DOMAINE PUBLIC DEPUIS DIOCLÉTIEN

La constitution de Dioclétien atteste le changement profond qui s'est accompli dans l'organisation politique de Rome. Les derniers vestiges d'indépendance disparaissent, et la longue liste des fonctionnaires impériaux ne nous montre plus que des mandataires successifs du pouvoir, chez qui l'on réprime soigneusement toute indépendance et toute initiative (2).

Auprès du prince, on trouve un conseil d'État dont Auguste paraît avoir eu la première idée (3). Sous Justinien les personnes qui en font partie sont nommées comtes du consistoire; ce sont les plus grands personnages de l'Empire : le préfet du prétoire, le questeur impéiiai, le maître des offices, le ministre du Trésor, et le ministre de la couronne et du domaine privé. — Ce conseil avait surtout des attributions administratives et politiques.

Le pouvoir législatif impérial s'exerce principalement au moyen d'un comité composé de vingt jurisconsultes et d'autres hommes choisis parmi les plus sages et les plus savants, au nombre de cinquante au moins.

(1) Minicia était une partie du cirque Flaminien où se faisait la distribution du blé.

(2) « Nemo judicum (ce qui équivaut à præfectorum) in id temeritatis erumpat, ut inconsulta pietate nostra novi aliquid operis existimet inchoandum. » (Code Th., loi 37, et Code Just., loi 33, *De Oper. publicis.*)

(3) « Sorte quindecim senatores adhibebat in consilium in sex menses, cum quibus non nunquam jus reddebat. » (Dio Cassius, liv. L III.) — « Sibi Augustus instituit consilia sortiri semestria, cum quibus de negotiis ad frequentem senatum referendis ante tractaret. » (Suétone, *Aug.*, 35.)

Enfin le pouvoir judiciaire suprême appartient également au prince qui rend ses décisions dans l'*auditorium* avec l'aide d'assesseurs choisis. Ces décisions, à l'époque de Valentinien et de Théodose, faisaient la loi des parties, mais n'avaient pas encore la vertu d'une disposition législative applicable à tout l'Empire (1); Justinien érigea ce principe en présomption (2).

C'est auprès du prince qu'est le ressort du pouvoir; c'est de là que tout part; c'est là que tout se ramène. Il n'y a plus de magistrats dans le sens antique du mot, il n'y a que des agents impériaux qui transmettent le mot d'ordre et l'impulsion qu'ils ont reçue. Ce sont donc désormais des fonctionnaires de cette classe qui seront chargés de la protection du domaine public.

Les *interdicta* ont disparu; nous avons cité les lois qui établissent qu'ils sont tombés en désuétude. Nous avons également vu quelle était désormais la marche suivie quand un citoyen croyait avoir à se plaindre d'un empiétement sur une route ou sur un fleuve public.

Nous constatons qu'un effet identique, l'absorption par l'Empire de toute force indépendante, s'est produit sur ce qui restait des vieilles magistratures, quand nous voyons les *curatores* devenus désormais de simples fonctionnaires. La notice des dignités de l'Empire nous montre un *comes formarum*, chargé des aqueducs, et un *comes riparum et alvei Tiberis*. Tous deux sont placés sous l'autorité du préfet de la ville, et remplissent les fonctions qui étaient autrefois dévolues aux *curæ* de même nom.

Quant aux *curatores operum publicorum*, ils conservent le même titre; mais ils paraissent occuper une situation inférieure; ils n'ont pas de droit le titre de comte, ils peuvent seulement le recevoir comme une récompense ou comme une faveur. Toutefois pour se mettre à l'abri des charges que cette dignité entraîne, il leur est permis d'y renoncer.

(1) Code J., loi 2, *de Legibus*.
(2) Code J., loi 12, *de Legibus*.

ANCIEN DROIT FRANÇAIS

DU DOMAINE PUBLIC DE L'ÉTAT SOUS L'ANCIENNE MONARCHIE

CHAPITRE PREMIER

HISTOIRE DU DOMAINE PUBLIC SOUS LES DEUX PREMIÈRES RACES

Quand l'Empire romain tomba sous les coups des Barbares, que devint, au milieu de la dissolution générale, la législation du domaine public, et l'organisation que nous lui avons vu appliquer?

Déjà le lien social s'était relâché dans les provinces. Bien des usurpations locales avaient eu lieu sous le nom de *patrociniat* et d'*honorat*, et la décomposition de l'Empire commençait par son morcellement. Les Barbares ne firent que précipiter un pareil état de choses.

Leurs chefs ne virent dans l'organisation romaine qu'un moyen de pillage, et ils se firent attribuer à titre de bénéfices tout ce qui pouvait produire des revenus, terres, impôts, péages. Avant même qu'ils n'eussent conquis d'une façon définitive l'hérédité, il n'y avait plus que des dominations particulières; l'autorité centrale, sans laquelle il est impossible de constituer une législation publique durable était impuissante, et l'on peut dire que nulle part la circulation n'était libre, nulle part on ne reconnaissait le droit à chacun d'user librement des choses publiques.

La royauté à la fois héréditaire et élective qui se constitua ensuite, ne comprit point d'abord l'intérêt qu'elle pouvait avoir à maintenir partout ces règles générales, la marque la plus certaine d'une autorité respectée. Les rois avaient des biens considérables, nommés *fisci* ou *fiscalia*, dont ils faisaient fréquemment donation à leurs fidèles, mais jamais ils ne songèrent à réserver les droits publics sur les terres qu'ils donnaient (1).

Childebert Ier, mort en 558, donne à Saint-Germain une partie du territoire de la Seine. — Chilpéric Ier concède en 575 des droits de Tonlieu sur l'Escaut, et il ne s'inquiète nullement de ce qu'il abandonne des droits régaliens. — La même imprévoyance se rencontre dans les termes d'une donation faite par Chilpéric II à l'église de Saint-Arnoult de Metz ; l'immunité est donnée en même temps que la terre. « Car la concession d'un fisc emporte toujours cette concession et cette indulgence » (2) (année 717).

Quand la dynastie carlovingienne remplaça les Mérovingiens, ses fondateurs, hommes énergiques, guerriers et administrateurs, introduisirent un certain ordre. Ils sont moins prodigues de concessions à titre perpétuel. Ils établissent des ducs, des comtes, des viguiers qu'ils veulent conserver sous leur puissance, et qu'ils font surveiller par des *missi dominici*. Cependant certaines concessions de la première époque paraissent également emporter une pleine souveraineté sur le territoire. C'est ainsi qu'en 780 Charlemagne abandonne à la cathédrale d'Utrecht le bras du Rhin nommé Lecca.

Louis le Débonnaire essaye comme son père de maintenir l'action du pouvoir central. Plusieurs capitulaires (3) donnent aux *missi dominici* le mandat de surveiller l'établissement et la réfection des ponts, qui doivent être rétablis aux lieux où ils étaient autrefois, ou même construits là où ils sont maintenant nécessaires. La charge en incombe aux *Paganses*, officiers chargés

---

(1) Art. Desjardins, *De l'aliénation des biens de l'État*, page 169.

(2) « Cum omnis fiscus concessus hoc habeat concessum atque indultum. (*Diplomata*, 2, 593, cité par Pardessus, *Essai hist.*)

(3) Fontanon, Baluze, 1, 631.

de percevoir le péage et de l'appliquer aux réparations « *hi qui illos emendare debent* ». Des levées doivent également être construites le long de la Loire.

Mais le pouvoir s'échappe peu à peu des faibles mains des Carlovingiens. Charles le Chauve ne sait pas le retenir. Il fait donation d'une forêt avec ses droits de pêche, de navigation, et tous les droits attachés à la possession des rives, nommés *ripatica* (1). En 863, quand sa fille Judith épouse Beaudouin, comte de Flandre, elle reçoit en dot toute la région qui s'étend entre l'Escaut, la Somme et l'Océan. Enfin les formules de Marculfe, *de cessionibus regis*, n° 44, nous montrent toute l'étendue que ces actes comportaient.

L'édit daté de Kiersy-sur-Oise, en 877, libéra de toute crainte les bénéficiaires, ces nouveaux maîtres du territoire, et rendit héréditaires et souveraines les possessions qu'ils avaient reçues ou usurpées. Le roi ne reprendra son domaine que par des confiscations et des peines pécuniaires.

La royauté capétienne, faible et obscure à l'origine, ne songea pas davantage à faire prédominer dans le royaume des maximes générales de droit. Résister à ses ennemis, agrandir ses possessions territoriales, tel fut longtemps son but unique. Elle ne put établir les principes qui s'appliquent au domaine public que le jour où elle eut reconstitué d'une façon complète son droit de possession territoriale et de suprématie judiciaire, qui sont alors le double aspect du droit de propriété.

Au dix-huitième siècle encore la royauté considère les biens du domaine public comme sa propriété, plutôt que comme un dépôt remis entre ses mains. C'est en effet ce qui résulte d'une remarque écrite à cette époque par un annotateur de l'ouvrage de Lefebvre-Delaplanche. « Nos maximes françaises ne nous permettent pas de distinguer le domaine de la puissance publique d'avec le domaine du prince. »

Nous nous proposons donc d'étudier l'état de choses qui s'était constitué aux premiers temps de la monarchie capé-

(1) Ducange, v° *Ripaticum.*

tienne. Nous verrons ensuite quels sont les moyens qu'elle a employés pour le modifier ; comment elle a ressaisi les droits de justice ; comment elle a établi le principe d'inaliénabilité du domaine royal et du domaine public. — La conclusion naturelle de ce travail sera une revue rapide de la législation qui régissait les différentes branches du domaine public au moment où la monarchie a réalisé son objet et va disparaître à son tour.

<hr>

CHAPITRE II

LE DOMAINE PUBLIC DE L'ÉTAT DANS LES PREMIERS TEMPS DE LA MONARCHIE CAPÉTIENNE

« La justice, dit Loyseau, est le plus fort lien pour maintenir la souveraineté. » On pourrait fort bien retourner la maxime, et dire que si la souveraineté n'existe qu'en apparence, les liens de justice n'auront aucune force.

Tel était l'état de la France aux débuts du moyen âge. Les concessions des deux premières races avaient, sous le nom d'immunité, compris l'abandon de toute juridiction médiate et immédiate sur les terres concédées (1). La conséquence s'en fit bientôt sentir sur toutes les branches du domaine public, et l'on vit l'autorité privée des seigneurs se substituer à l'autorité royale.

---

(1) La formule de concession se terminait ainsi : « Absque ullius introitu judicum in quibus libet causis ad freda exigendum. » (Marculfe, I, 14.) — Ce que Montesquieu commente ainsi : « Une infinité de chartes contiennent une défense aux juges ou officiers du roi d'entrer dans le territoire pour y exercer quelque acte de justice que ce fût, et y exiger quelque émolument de justice que ce fût. Dès que les juges royaux ne pouvaient plus rien exiger dans un district, ils n'entraient plus dans ce district... » *Esprit des lois*, l. XXX, chap. xx, § 10.

Chemins. — Beaumanoir nous montre quelle était la condition juridique des chemins féodaux : « Se j'ai terre joignant du quemin d'une part ou d'autre, en le quele terre j'ai justice etseignorie, la justice du quemin est moie comme il dure parmi me terre. » (Beaumanoir, 25, 4.)

De même Loysel énonce des maximes qui présentent le reflet d'un droit très ancien. — Maxime n° 272 : « Donner congé d'ouvrir terre en voie publique... est exploit de haute justice. » C'est bien là un droit régalien, transporté au seigneur. Laurière appuie cette idée en citant la coutume de Melun (art. 13), d'après laquelle celui qui aurait ainsi procédé sans autorisation serait obligé de payer une amende de 60 sols, et de remettre la terre en état.

Les seigneurs avaient donc sur les chemins tous les droits de justice et de surveillance qui sont attachés à la possession féodale. Ils devaient seulement les faire entretenir et visiter à certaines époques; cette opération s'appelait vicontage ou cheminage (1). Un jury formé d'experts prononçait des amendes contre ceux qui n'auraient pas émondé leurs arbres, curé leur fossé ou entretenu la partie de route qui était à leur charge (2). Ce régime ne pouvait pas produire de bons résultats.

Les routes étaient fort mal entretenues. La rentrée des foins du seigneur qui se faisait au moyen de corvées, ne pouvait, par stipulation expresse, s'effectuer que par des chariots à quatre roues, attelés de seize à vingt et un bœufs. En 1314, les états généraux disaient encore : « En ce royaume il y a plusieurs ponts, passages et chaussées pour l'entretenement desquels se cueillent et sont payés coutumes, acquits, travers et péages, et néanmoins lesdits ponts et chaussées sont en ruine. »

Rivières. — Les rivières faisaient également partie du fief qu'elles traversaient Cette propriété généralement absolue comprenait les droits de péage, de justice, etc....

(1) Delisle, *Études sur la condition des classes agricoles*, p. 110.
(2) Beaumanoir, *Coutumes du Beauvoisis*, I, 359, 363, fixe à 60 sous l'amende de ceux qui empiètent sur la largeur de la route. — Loisel, 2, 130.

On peut en citer des preuves multiples. Loysel disait : Maxime n° 233 : « Les petites rivières et chemins sont aux seigneurs de terres, et les ruisseaux aux particuliers tenanciers. » Nous ne voulons pas entrer dans la question si célèbre autrefois de savoir si les petites rivières appartenaient au seigneur justicier, au seigneur féodal ou au riverain, question qui paraît avoir été résolue en faveur du seigneur haut justicier; nous constatons seulement l'alliance qui régnait entre la possession de la terre et la possession des cours d'eau. Les rois parvinrent à faire connaître leurs droits exclusifs sur les grandes rivières et sur les grands chemins (Loisel, maxime 223). Mais il y eut lutte, et conquête, sinon usurpation.

S'il fallait une preuve matérielle et palpable des difficultés et des luttes qui résultaient de cet état de choses, on pourrait citer le litige qui exista longtemps entre les villes de Rouen et de Paris par rapport à la navigation de la Seine, chacune des deux villes s'efforçant d'accaparer le monopole à son profit. Une ordonnance de Louis VII en 1170 permit aux Rouennais d'amener leurs bateaux vides jusqu'au pont du Pecq, et de les ramener sans qu'il leur fût nécessaire de prendre pour associés des nautes parisiens, ou marchands de l'eau de Paris. La discussion ne fut terminée qu'avec une ordonnance de Charles VII du 7 juillet 1450 qui abolit les privilèges des corporations rivales, et affranchit d'entraves le commerce de la Seine.

Mer. — Quant à la mer et à ses rivages, nous possédons un ancien document fort curieux qui peint au vif la situation respective du suzerain et du vassal à cet égard.

En 1231, le roi saint Louis obtenait, à la suite de négociations avec le duc de Bretagne, que le droit de ressort des jugements du parlement de Bretagne au parlement de Paris, fût consacré par un traité; mais il reconnaissait en retour au duc des droits incompatibles avec une organisation régulière du domaine public. — Il promettait de protéger « tous ses droits royaux, et son duché, supériorités, prérogatives, noblesse et franchises quelconques ci-après déclarées... C'est assavoir son parlement de droict de régales... la cognoissance et tuition des chemins publics de son duché... (droit de guerre, de monnaie)... Droit d'avoir et exercer toute manière de justice par lui et ses sénéchaux... D'avoir ports de mer, romptures de nefs, amendes et émoluments, comme de brevets ou sceaux de mer... pescheries en mer et es fleuves doux... dessiccation en terre, poissons royaux pris en mer de Bretagne... Lesquelles choses ainsi faites, réservées.. ledit duc... voulant alors que de son parlement de Bretagne, doresnavent en appellerait ou par ressort serait devolu en notre parlement de France en deux cas... (jaçoit que ledit duc et ses prédécesseurs n'eussent oncques accoutumé jusqu'alors hommage ou soumission avoir faite à nous ou nos prédécesseurs)... Assavoir le cas de faux ou mauvais jugement... et le cas de faute ou dénégation de droict (1). » Peut-être le roi avait-il raison, au point de vue politique, de sacrifier certaines prérogatives royales au désir d'assurer les liens d'une vassalité douteuse ; mais il est difficile de constater un abandon plus complet des droits de domanialité.

CHAPITRE III

COMMENT LES ROIS REPRIRENT LEURS DROITS DE JUSTICE

Pour reprendre la suprématie judiciaire qu'ils avaient perdue, les rois de France avaient à leur disposition deux procédés : ils pouvaient augmenter l'étendue et la force de leur juridiction, diminuer, au contraire, celle des seigneurs.

(1) Nos citations d'ordonnances sont généralement faites d'après le texte du recueil d'Isambert.

I. En premier lieu, ils se servirent des moyens que la législation féodale mettait à leur disposition. Ils avaient pour eux ce grand principe que les vassaux leur devaient rendre service de cour, c'est-à-dire assister à leurs plaids, et composer un tribunal dont ils étaient personnellement justiciables. Ce tribunal se composait, outre les grands vassaux, des officiers ordinaires « *ministeriales* », qui résidaient habituellement auprès du roi.

Le refus des vassaux d'y figurer ne rendait pas la cour incompétente. « Si li bers est apelés en la cort du roy... et il die : Ie ne vüel mie estre jugié fors par mes pers de cette chose, adonc si doit-on les barons semondre jusques à trois à tout le moins, et puis la justice doit faire droit o (avec) eux et o autres chevaliers. »

Plusieurs exemples cités par M. Pardessus, pour les années 1109, 1153, 1216, 1224 et 1255 prouvent qu'il n'en était pas autrement.

Il s'agissait d'étendre le cercle d'action de ce tribunal. Un des premiers moyens employés fut la prononciation de défaulte de droit (1). La moindre irrégularité dans la tenue des cours pouvait y donner lieu ; il suffisait même que le seigneur ne pouvant réunir assez d'hommes pour juger, fût réduit à en emprunter à son suzerain. Celui-ci pouvait refuser, et le seigneur en arrivait à abdiquer, à « mettre sa cour en celle du roi », ou bien à partager la juridiction, à « entrer en pariage ».

Une ordonnance de 1287 favorisa ce résultat, par la défense que le roi fit aux seigneurs d'avoir des clercs en leur cour.

Un autre moyen dont on se servit également fut le droit d'appel. Il s'introduisit par une sorte d'abus. Le suzerain avait le « droit de gîte ou d'albergie » chez son vassal, et par défé-

---

(1) « Cascuns barons est souverains en se baronnie. Voirs est que li rois es souverains pardesor tous, et a, de son droit, le général garde de son roiaume, par quoi il pot fere tex establissemens comme il li plet par le comun profit et ce qu'il establist doit estre tenu. Et se n'i a nul si grant desous lui qui ne puist estre trais en se cort par defaute de droit ou par faus jugement. » (Beaumanoir, chap. XXXIV, n° 41).

rence on interrompait la justice en sa présence, et on la remettait entre ses mains. Or en 1116 et en 1180 Louis VII et Philippe-Auguste tinrent leur cour à Châlon-sur-Saône et à Vezelay. Ce droit d'assises fut un premier degré vers l'établissement du droit d'appel ; car dès que le roi put attirer la justice de son vassal quand il se rendait chez lui, on admit facilement que cette justice pût venir trouver le roi en sa cour, et y chercher la confirmation de l'appel.

Une ordonnance de 1260, article 8, permet l'appel des cours seigneuriales en la cour du roi. Bientôt la multiplicité croissante des affaires obligea d'autoriser l'appel auprès des quatre baillis royaux, établis à Saint-Quentin pour le Vermandois, à Sens pour la Champagne, et à Saint-Pierre le Moutier pour l'Auvergne.

En 1355 (2 mars) un arrêt de la cour du roi amenait un nouveau progrès. Il décidait que tout homme, de quelque seigneur qu'il dépendît, pouvait se mettre sous la sauvegarde du roi. Il lui suffisait de dire qu'il appelait « d'appel volage », pour enlever la cause à son juge naturel, et la transporter au bailli le plus proche.

C'était un pas décisif. Il coïncidait avec la réunion des grandes pairies au royaume : et la prépondérance royale se faisait encore sentir sur un autre point par la théorie des cas royaux. On avait le sentiment vague que certaines affaires devaient être réservées à la puissance souveraine, mais le roi qui en profitait se gardait bien de préciser. On ne connaît qu'une définition ironique de ces cas royaux : « ce sont ceux qui par l'usage et la coutume ne peuvent appartenir qu'au roi. » Les ordonnances du 25 mars 1302, 19 mars 1314, 15 mai 1315 qui s'y réfèrent, n'en font jamais l'énumération (1).

II. Le second procédé qu'employèrent les rois pour augmenter leur autorité fut de créer à côté des justices seigneu-

____

(1) « Comme le roy a les mains longues, et qu'il n'est point de telle couverture que le manteau royal, les officiers royaux ont extrêmement étendu et multiplié les cas royaux. » (Loyseau, *Des Seigneuries*, XIV, 2.) Il ajoute qu'avant l'édit de 1539 les juridictions ecclésiastiques avaient suivi le même procédé.

riales des tribunaux rivaux, sans cesse disposés à empiéter, et soutenus de toute la force de la puissance centrale.

Ils établirent d'abord dans leurs domaines des délégués, qu'ils nommèrent baillis (1), et qui étaient chargés de faire descendre l'action du pouvoir souverain jusqu'au fond du royaume. Ceux-ci dépassèrent bientôt leur mission primitive, et revendiquèrent le droit de surveillance générale qu'avaient exercé les *missi dominici*.

On les voit paraître sous le règne de Louis VI, dit le Gros, puis le testament de Philippe-Auguste, fait au moment de son départ en Terre Sainte, en 1190, règle leur juridiction, et établit « des conseils d'hommes sages dans les prévôtés du roi ». En 1254 saint Louis donne une réglementation plus complète; les baillis deviennent une institution permanente.

A côté d'eux paraissent les maîtrises des eaux et forêts. Une ordonnance de 1283 parle des *Balivi et Justitiarii forestarum*; une autre ordonnance de 1291 cite les maîtres des eaux et forêts.

D'abord étroitement attachés au Palais de Justice de Paris, siégeant à la table de marbre, ils sont ensuite « répartis dans les provinces, sous le titre de maîtres particuliers. Il y eut à Paris un grand maître enquêteur et général réformateur des forêts de France. Les maîtrises particulières devinrent autant de sièges de première instance, d'où les appels se portaient à la table de marbre de Paris, juridiction du grand maître (1). »

----

(1) Bail, protection; bailli, protecteur. « Dans l'origine de leur institution, les baillis étaient de simples officiers royaux, chargés d'administrer la justice dans les provinces et d'y exiger les prestations civiles et militaires dues au souverain. L'introduction de l'appel changea la nature de leur autorité et les mit en rapport avec le parlement, dont ils devinrent les agents immédiats... Chaque bailli devait assister aux audiences du parlement, le jour où l'on expédiait les appels interjetés par les justiciables de son bailliage, et donner des explications sur les faits ou sur la coutume du pays... La cour pouvait ordonner une enquête pour vérifier la coutume; le bailli était chargé de faire un rapport, et si la coutume était adoptée, elle prenait place parmi les éléments de droit coutumier. » (Beugnot, préface de Beaumanoir, I, 7.)

Les maîtres des eaux et forêts suivirent les mêmes procédés que les baillis ; destinés d'abord à la surveillance des forêts et des eaux royales, ils étendirent leur droit de contrôle sur toutes celles du royaume.

Enfin la justice seigneuriale se trouvait de plus en plus resserrée dans ses limites. Un arrêt de la cour de Paris en 1272 déclare que *secundum usum hujus curiæ* la donation d'un domaine n'emporte pas comme conséquence la concession d'un droit de justice.

Dans les cas où ces droits subsistaient encore, ils étaient soumis à une surveillance plus étroite. Saint Louis qui confia aux seigneurs la police des chemins, les rendit responsables des crimes et délits qui seraient commis sur leur domaine depuis le lever du soleil jusqu'à son coucher. On cite à ce propos deux arrêts : l'un de 1265 et l'autre de la Chandeleur 1269.

Ces progrès furent favorisés par l'organisation plus complète de la cour royale ; la grande ordonnance de 1302 (complétée par l'ordonnance de 1319) fondait des institutions qui devaient avoir une durable influence, en distribuant la cour du roi en trois assemblées, le grand Conseil, le Parlement et la Cour des comptes.

III. Il en résulta bientôt une réaction, suivie de retours divers. Les états de 1336 provoquent une ordonnance destinée à réprimer les abus de justice des officiers du roi ; « les maîtres des eaux et forests, gruiers et autres officiers, sur umbre de leurs offices, s'efforcent d'attribuer a eux la congnoissance par tout le royaume tant des causes de notre dit seigneur et père, et des nôtres, comme des prélats, barons et autres justiciers... » ; défense leur est faite d'agir au delà de leur territoire, et ceux

____

(1) Dareste, *De la justice administrative en France*, p. 49.

(2) La cour du roi avait déjà été divisée en sections pour le fait de la finance, de la justice et du conseil ; mais ce n'étaient que des délégations temporaires, ce n'étaient pas des institutions permanentes. Une ordonnance de 1256 parle des « magistri curiæ qui erant in compotos apud templum » Olim., 1, 397.)

qu'ils saisiraient sont autorisés à refuser obéissance. D'une façon générale, il est ordonné « de laisser justices aux juges ordinaires, et à chacun singulier en sa juridiction, senz que les subgez par moyen ou senz moyen soyent désoremais traicts ou adjournés par devant maistres d'ostel ».

Plusieurs ordonnances sur la justice se succèdent en juillet 1338, 5 février 1388, avril 1433, juillet 1493. En mars 1498 Louis XII publiait à Blois une grande ordonnance sur la réformation de la justice du royaume. Il renouvelait d'ailleurs les défenses précédentes, et ordonnait à ses officiers de s'abstenir d'entreprises « pour autres matières que pour celles dont nous voulons la congnoissance leur appartenir... nous enjoignons à notre cour le parlement qu'ils empêchent lesdits renvois. »

L'ordonnance de Villers-Cotterets en août 1539 fut une des plus importantes pour l'unification du royaume. Elle rétablissait l'usage de la langue française, réprimait au profit de la justice royale les envahissements de la justice ecclésiastique, concentrait entre les mains du roi les justices et juridictions différentes de la banlieue de Paris; et bien qu'elle ne s'occupât pas directement de l'autorité des juges royaux sur les juges provinciaux, par cela même qu'elle édictait des règles générales de procédure et obligeait ces derniers à les suivre, elle établissait la suprématie du parlement de Paris.

On peut considérer que désormais la royauté a obtenu gain de cause, et que la suprématie royale ne sera plus discutée. L'ordonnance de 1669 sur les eaux et forêts établit ce principe d'une manière incontestable en matière de domaine public.

CHAPITRE IV

COMMENT S'ÉTABLIT LE PRINCIPE D'INALIÉNABILITÉ DU DOMAINE ROYAL

La royauté devait maintenant se défendre contre les aliénations de souveraineté qu'elle était disposée à faire en établissant sur ses domaines le principe d'inaliénabilité.

La première ordonnance certaine que nous rencontrons est celle qui est datée de Longchamps en juillet 1318. Le roi Philippe V déclare que « n'est pas nostre entention que nous dongnons point de nostre domaine, ne de nostre héritage si ce n'est au cas que nous le doions faire par raison » (art. 15)..; « et si requestes nous en sont faites, elles seront rapportées au jour du mois devant nostre conseil» (art. 39). —La conséquence en fut logiquement tirée quelques jours après dans l'ordonnance de Pontoise du 29 juillet 1318... « Nos très chers seigneurs père et frères... ayant fait dons très grans et outre mesure... au grand grief et préjudice de nous et de nos royaumes... ordonnons que tous tiers dons, et spécialement tout ce que.. Guillaume Flote, les hoirs Guillaume de Nogaret et de Guillaume de Plaisieu... etc., tiennent, soient dès maintenant pris, et après levé exploitié en nostre main, jusques a tant que chacun ayt montré son titre... » Il est fâcheux que les premières révocations de la royauté aient porté sur quelques-uns des serviteurs les plus dévoués de Philippe le Bel; la nomenclature même des personnes désignées prouve qu'on a surtout voulu se procurer de l'argent aux dépens de ceux qu'on détestait ; les principes juridiques entraient pour peu de chose dans cette mesure.

Les autres fils de Philippe le Bel suivirent la même voie et attaquèrent également les donations antérieures. Le mandement du 5 avril 1321 partait toutefois d'un point de vue général. *Volens etiam id procedere rationabili via, edici fecit (Philippe V) generaliter... ut quicumque de domaniis ipsis quidquam tene-*

rent... exiberent. » « *Regni autem domania intendimus ne dum ea quæ ab antiquo sed quæ ex forefacturis, commissis, vel quibusvis causis aliis obvenerant, et alienationis translationisve tempore in domaniis ipsis erant.* »

En 1356, 1357 sont prises des mesures semblables ; l'institution de la Cour des comptes est destinée à servir d'appui aux rois contre des libéralités excessives ; mais par une inconséquence singulière, les rois dérogent eux-mêmes aux règles qu'ils ont posées. C'est ainsi que Jean de Dormans est déchargé de l'obligation de faire connaître à la Cour les dons qu'il a antérieurement reçus.

Nous ne pouvons que mentionner les ordonnances qui reviennent périodiquement sur ce sujet, en 1356, 1364, 1366. — Elles sont bientôt suivies d'exceptions nouvelles, en faveur du duc d'Orléans (mai — 21 déc. 1400 — janvier 1401 etc.) Dans cette dernière le roi place à côté l'une de l'autre la donation qu'il fait, et la maxime d'inaliénabilité qu'il proclame. Après l'assassinat du duc, ces donations sont révoquées. nov. (1407). Enregistrons encore quelques dates d'ordonnances identiques : 1403, 1413, 1456, 1463, 1485 qu'on peut rapprocher de celles de 1401, 1483, 1492. — Il est vrai que les aliénations recommencent sans cesse, (5 février 1498).

François 1ᵉ suivit également l'exemple de ses prédécesseurs, et prononça des édits de révocation en 1517, 1519, 1521, 30 mai 1539, 30 juin 1539. — Ce dernier édit commence la série des ordonnances mémorables qui ont fini par faire triompher le principe de l'inaliénabilité. Déjà en 1521, le roi avait dit : « Davantage sommes-nous tenus par constitution, garder et observer à notre pouvoir les terres de nostre domaine .» Il pose maintenant une théorie, établit un principe, et en tire des conclusions. Il rappelle que par les lois de France, par les constitutions des rois précédents, comme par le serment que tout roi prête à son avènement, les terres du domaine sont déclarées inaliénables : « Le dit domaine et patrimoine... est réputé sacré et ne peut tomber au commerce des hommes. » Les usurpations ne peuvent venir que de la négligence, ou de la connivence des officiers. Toutes prescriptions même centenaires ne sont pas valables, car les édits, ordonnances et proclamations les ont interrompues. La jouissance d'un bien domanial « ne pourrait procéder sans male foy et charge de conscience, tant envers Dieu qu'envers nous».

En 1540 un édit enjoint à tous ceux qui le savent de révéler « ceux qui détiennent ou occupent induement aucunes terres, seigneuries, membres ou portions de nostre dict domaine, droits, cens ou autres... »

Enfin par les soins du sage chancelier Michel de l'Hospital est préparée et faite la grande ordonnance de Moulins de 1566 qui pose les principes définitifs en cette matière. L'ordonnance de 1667 ne fera guère que la répéter et la compléter. La date de 1566 étant la date choisie par l'Assemblée constituante comme celle où s'arrêteront les recherches domaniales, nous croyons utile d'insister davantage sur cette célèbre ordonnance.

' Charles IX commence par rappeler le serment qu'il a prêté au moment du sacre, et la nécessité qu'il y a de dégager les biens de la couronne qui sont « le nerf de nostre état ». Ensuite viennent par articles les dispositions de l'édit.

a. 1. Le domaine est déclaré inaliénable. Deux cas seulement sont exceptés : 1° l'apanage des fils puînés de la maison de France ; 2° les nécessités de guerre. Mais il y aura d'une part droit de retour à la couronne si la branche apanagée s'éteint sans héritier mâle direct (1) ; d'autre part droit de rachat perpétuel, envers les acquéreurs qu'on appelle aussi du nom d'engagistes.

L'article suivant pose à la fois une définition et une règle. Qu'est-ce que le domaine de la Couronne ? — Comment les biens du prince arrivent-ils à s'y confondre ?

a. 2. « Le domaine de nostre couronne est celui qui est expressément consacré, uny et incorporé à nostre couronne

---

(1) Les dispositions du droit féodal relatives aux apanages ont beaucoup varié. Les filles ont eu longtemps le droit d'y succéder. L'édit de Moulins pose un principe qui ne variera plus.

ou qui a esté tenu et administré par nos receveurs et officiers par l'espace de dix ans, et est entré en ligne de compte. »

Il y avait différentes catégories de biens qui se trouvaient réunies entre les mains du prince : domaine particulier ou privé — domaine de l'état incorporel et corporel, et ce dernier se subdivisait en grand et en petit domaine. — Examinons les règles qui gouvernaient chacun d'eux.

On a voulu nier l'existence du domaine privé du prince. C'est une erreur. Les princes en ont toujours eu un ; on en trouve des exemples depuis le mariage de Philippe le Bel en 1284 jusqu'au règne de Louis XV où le domaniste François-de-Paule Lagarde en atteste l'existence (1). Mais les conditions auxquelles on permettait de le maintenir devinrent de plus en plus étroites. — Tandis qu'autrefois les biens que le prince possédait à son avènement, ou même acquérait depuis, demeu-raient domaine privé, s'il n'y avait lettres patentes portant déclaration de réunion expresse, l'ordonnance de 1566 intro-duisit la règle de l'union tacite. Celle-ci toutefois n'avait pas lieu de plein droit ; il fallait que le patrimoine particulier des rois eût été pendant dix ans administré par les officiers de la couronne, et que les revenus en eussent été portés « en ligne de compte ». On voyait en effet dans cette administration commune une marque de volonté aussi expresse qu'une décla-ration. — D'après ces principes, Henri IV voulut en 1590, par lettres patentes, se réserver à titre de domaine particulier, ses biens patrimoniaux ; le parlement de Bordeaux en effet enre-gistra ses lettres le 7 mai 1590 ; mais le parlement de Paris s'y refusa, malgré les lettres de jussion des 8 avril et 29 mai 1591. Le roi céda ; en juillet 1607, par un édit célèbre, il déférait au désir du parlement, et prononçait la réunion de son domaine à la couronne de France. Mais ce ne fut qu'un fait particulier, comme l'a démontré M. Arthur Desjardins, fait que le rapporteur à la Constituante, M. Enjubault, eut le tort d'ériger en principe.

____

(1) Arthur Desjardins, *De l'aliénation et de la prescription des biens de l'État*, p. 156.

Les meubles du roi suivaient les mêmes règles que les immeubles. Pour ceux-ci une confusion de dix ans amenait une
incorporation définitive; pour les meubles la présomption de
domanialité se tira de la confusion dans un inventaire; la mort
du roi survenue avant la rédaction de l'inventaire, loin de
mettre obstacle à la réunion, l'opérait, au contraire, de plein
droit. — Il faut toutefois constater cette différence des meubles
et des immeubles que ceux-là pouvaient faire l'objet d'une
aliénation définitive, si la vente, autorisée par lettres patentes,
avait été enregistrée au parlement.

Le domaine propre de l'État comprenait le domaine incorporel, c'est-à-dire les droits inhérents à l'idée de souveraineté,
droits régaliens, etc., que nous n'avons pas à faire connaître
ici; et le domaine corporel, divisé en grand domaine et en
petit domaine. — Le grand domaine renfermait des seigneuries
ayant justice haute, des duchés, marquisats, principautés et
leurs mouvances. Les forêts royales, les chemins publics, les
fleuves, les rivages de la mer viennent successivement s'y
ajouter, et y sont compris en toute propriété par les ordonnances de Louis XIV de 1669 et 1681.

Le petit domaine se composait d'objets détachés qui ne formaient pas un corps de seigneurie comme des prés, des bois,
des fours, des moulins, des marais, des terres vaines et vagues,
comme les lais et les relais de la mer.

Le grand domaine était inaliénable, le petit domaine, au
contraire, l'était. Malheureusement cette distinction assez légitime en apparence n'était pas précise, et elle ne servait à
garantir ni le domaine contre des aliénations nouvelles, ni les
acquéreurs contre des révocations inattendues. Il suffit, pour
s'en convaincre, de comparer la déclaration du 8 avril 1672
qui autorise des aliénations du petit domaine jusqu'à concurrence de 400 000 écus, et l'édit d'avril 1695 qui oblige les
acquéreurs à se racheter du droit de révocation.

L'article 3 ramenait toutes les aliénations antérieures à 1566
aux deux types de l'article 1 : donations avec clause de retour,
ventes avec faculté de rachat perpétuel.

Puis venaient différentes dispositions qui enjoignaient aux procureurs de tenir la main à la protection, conservation, poursuite et réunion du domaine. Les détenteurs du domaine étaient tenus de faire connaître leurs titres; ceux dont la possession était antérieure à l'édit, et procédait de cause légitime devaient être maintenus; les autres ne pouvaient garder leurs biens qu'après vérification faite en parlement, sinon ils seraient tenus de restituer les fruits par eux perçus, non seulement depuis la saisie, « mais aussi depuis leur jouyssance ou de leurs prédécesseurs, sans qu'ils puissent excuser de bonne foy, quelque tiltre ou concession qu'ils aient de nos prédécesseurs ou de nous ».

Les ordonnances suivantes, celle de mai 1579, signée à Blois, les édits de juillet 1607, de juin 1611, et même l'ordonnance de 1667 ne font que reproduire les principes de l'ordonnance de 1566. Il n'y a relativement au domaine que quelques compléments ou modifications de détail à signaler.

Telles furent les ordonnances qui établirent et consacrèrent le principe d'inaliénabilité. Ce principe à vrai dire avait surtout pour but de protéger l'intégrité des domaines royaux; néanmoins il est incontestable que le domaine public en profita, et que les rois, qui le comprenaient d'abord comme une immunité dont ils voulaient faire jouir leurs domaines, y virent plus tard une qualité générale qui dut être étendue à toutes les parties du royaume où leur autorité était reconnue.

L'imprescriptibilité du domaine dérivait naturellement de son inaliénabilité.

Il y avait néanmoins doute sur la question de savoir si elle excluait la possession immémoriale ou centenaire. Les uns comme Lefebvre-Delaplanche et Le Bret n'admettaient point la possession centenaire contre le domaine, et s'appuyaient notamment sur l'édit de juin 1539 que nous avons cité, et sur l'édit d'avril 1667. L'article 186 de la Coutume de Paris était conçu dans le même sens. — Les autres invoquaient un arrêt de la Cour du 10 décembre 1648 qui déclare que les possesseurs de droit de péage sur la Loire seront dispensés de

produire leurs titres (conformément à l'édit que la cour en-
registrait) s'ils ont pour eux la possession immémoriale. Ils ci-
taient de plus une déclaration du roi Henri II pour le Dauphiné, du
14 août 1556. Des auteurs considérables soutenaient cette
opinion. Dumoulin disait : *Non tam est præscriptio quam titu-
lus »* ; et encore : *« Nunquam videtur exclusa per legem prohi-
bitivam et per universalia negativa et geminata verba quam
cumque præscriptionem excludentia. »* Loysel écrivait aussi :
« Contre le roi n'y a prescription que de cent ans ». En ce sens
étaient également Bacquet et Choppin. Pothier présente les
opinions contraires sans se prononcer lui-même expressément.
Il paraît cependant se rattacher à l'opinion de Lefebvre-Delaplanche (1).

———

CHAPITRE V

DERNIER ÉTAT DU DOMAINE PUBLIC DE L'ÉTAT
SOUS L'ANCIENNE MONARCHIE

Il nous reste à dire comment l'ancienne monarchie française,
après avoir recouvré sur les biens du domaine public sa légitime souveraineté, entendit la législation qui devait les régir, et
organisa l'administration chargée d'y tenir la main. Nous
allons donc passer encore une fois en revue les différentes
branches du domaine public de l'État, et examiner à propos
de chacune d'elles les principales ordonnances qui s'y rapportent.

§ 1. **Chemins.** — On avait tenté de bonne heure de classer
les chemins du royaume en catégories d'importance diverse.

—————

(1) Pothier *de la Prescription*, édition Bugnet, t. IX, n° 288.

Beaumanoir en compte cinq espèces; mais en général les ordonnances et les anciens auteurs n'en comptent que trois principales; les chemins royaux qui conduisent d'une bonne ville à une bonne ville, les chemins vicomtiers ou publics, et les chemins particuliers.

D'ailleurs ces distinctions devaient demeurer lettre morte, tant que la royauté n'aurait pas la force d'établir des lois et une administration capable de les faire respecter. Le premier progrès accompli en ce sens fut la création, en 1508, d'un tribunal d'exception pour chaque généralité de province, sous le nom de *Bureau de finances*. Ce tribunal était composé de magistrats nommés *trésoriers de France* et *grands voyers*, parmi les nombreuses attributions desquels était comprise la police des routes.

Par un édit de février 1552, Henri II institua une nouvelle juridiction, et autorisa les *élus* à faire en matière de voirie les réparations qui n'excéderaient pas 20 livres.

En 1583 Henri III leur associa les *officiers des eaux et forêts*, de sorte qu'à cette époque, en y comprenant les justices particulières, la voirie était soumise à quatre juridictions différentes.

Quand Henri IV voulut donner une impulsion réelle aux travaux de voirie, il concentra les pouvoirs administratifs dans un tribunal spécial qu'il instituait près de lui, et dont il confiait la direction suprême à son infatigable ministre, Sully, qu'il nommait grand voyer. L'œuvre de celui-ci comprit des travaux considérables et de nouveaux règlements; il fut l'auteur de l'importante ordonnance de décembre 1607 sur la voirie, qu'on applique encore aujourd'hui.

Néanmoins malgré les grands services qu'il avait rendus, il fut congédié à la mort du roi, et la charge qu'il remplissait fut supprimée en 1627. Les trésoriers de France étaient, par la même ordonnance, rétablis dans leurs généralités au nombre de 17.

Un nouveau pouvoir allait bientôt surgir : le pouvoir des intendants. Déjà « au seizième siècle les maîtres des requêtes

au conseil d'État *chevauchaient* dans les ressorts des divers parlements pour veiller de plus près à l'exécution des ordonnances,
redresser les abus sur place et tenir le roi et son conseil toujours
exactement informés (1) ».

Répartis d'abord suivant les ressorts des parlements, puis des
généralités, ils devinrent enfin sédentaires et s'appelèrent désormais *intendants de justice, police et finances, et commissaires
départis dans les généralités du royaume pour l'exécution des
ordres du roi.*

Cette institution qui devait exercer en bien et en mal une si
grande influence sur l'ancienne monarchie, n'a pas de date.
Aucune ordonnance générale ne constate son origine, et elle
n'apparaît d'abord que par des actes de nomination isolés.
L'édit de mai 1635 donne aux intendants certaines instructions
générales; la déclaration du 18 juillet 1648 les révoque, mais
dès que les troubles de la Fronde ont été surmontés, ils repa-
raissent et deviennent les instruments les plus actifs de la royauté
absolue.

Nous ne pouvons entrer dans le détail de toutes leurs attributions, qui embrassaient presque la généralité des matières
administratives, et un grand nombre de questions judiciaires;
nous relèverons seulement celles qui se rattachent aux travaux
publics et à la voirie.

Chargés de donner leur avis sur l'utilité publique, de dresser
les plans, de proposer les devis, ils avaient encore le soin de
juger les contestations relatives aux indemnités d'expropriation, comme celles qui se rapportaient à l'exécution et au sens
des contrats passés par les entrepreneurs. Ils avaientn outre
la mission de veiller à la police et à l'entretien des chemins
existants, et devaient réprimer toutes les entreprises faites par
les particuliers sur la voie publique. Ils eurent le service des
postes depuis 1692, et la police du roulage depuis le 7 avril
1771.

Comme ils n'auraient pu suffire seuls à tant de fonctions

(1) R. Dareste, *Justice administrative en France*, p. 104.

diverses, ils reçurent bientôt le droit de se donner des sub-délégués pour les représenter et agir en leur nom. En 1760, le service des ponts et chaussées était confié à un intendant et à un ingénieur, Trudaine et Perronet. Ce sont eux qui organi-sèrent l'école des ponts et chaussées, quelques années plus tard, en 1767.

L'unité, d'ailleurs, était loin d'être complète. Les pays d'état échappaient au pouvoir des intendants et veillaient eux-mêmes dans leur territoire à l'entretien des routes et des ponts. Colbert n'arrivait à exercer sur leur administration un certain contrôle qu'en leur offrant des subventions pour les travaux qu'ils se chargeraient d'entreprendre. Dans les villes, les pouvoirs de police et de voirie appartenaient généralement aux prévôts, excepté dans celles où siégeaient des bureaux de finances, et où les trésoriers de France conservaient le droit de grande voirie. Certaines de ces villes avaient pourtant gardé leurs officiers municipaux, comme Toulouse et Lyon.

Malgré toutes ces diversités d'administration et de compétence, on voit que l'action du pouvoir central tendait de plus en plus à se faire sentir, et de nombreuses ordonnances venaient, surtout au dix-huitième siècle, attester l'intérêt qu'il prenait à cette partie du domaine public. C'est ainsi qu'on doit à cette époque la rédaction de nombreuses mesures d'ordre public : détermination de la largeur des routes (édits d'août 1669, 3 mai 1720, 6 février 1776), obligation imposée aux riverains d'essarter leurs arbres, de planter ou de faire des fossés (ordonnance de 1669, art. 1, 8, 9); imposition d'amendes en cas de contravention (édits du 26 mai 1705, 17 juin 1721, 4 août 1731), etc... Les rues de Paris sont assimilées aux routes royales, et leur régime est fixé par des ordonnances sur les alignements (déc. 1607, 16 juin 1693, 22 mars 1720), et par d'autres ordonnances sur les saillies des édifices (16 juil-let 1774); sur l'entretien du pavé (30 avril 1772), etc... La petite voirie (mesures de police générale, circulation, etc.) était de la compétence des officiers du Châtelet, et la grande voirie (alignements, saillies) était de la compétence du bureau de finances (arrêt du 8 avril 1780) (1).

Que restait-il donc maintenant aux seigneurs qui avaient eu autrefois les chemins dans « leur baronie »? Les villes et les bourgs avaient été retirés de leur juridiction par l'édit de 1693 ; mais ils conservaient encore sur les routes de campagne quelques droits de justice, et principalement des droits utiles de souveraineté et de propriété, lorsque ces droits étaient compatibles avec l'ordre public. C'est ainsi qu'ils avaient le droit de police et de voirie, sauf appel aux juridictions royales, et le profit des amendes prononcées à propos de contraventions. Ils avaient encore la propriété des arbres plantés sur les routes, et le droit d'en mettre dans les rues des villages et sur les places publiques, pourvu toutefois qu'il y eût place suffisante entre la plantation et les murs ou maisons voisines (arrêts du 2 août 1715, 1ᵉʳ août 1750, 11 juillet 1759).

Néanmoins, ce régime avait encore bien des côtés fâcheux. Outre l'inconvénient des justices seigneuriales exercées par *« ces juges guêtrés et jugeant sous l'orme, »* pour lesquels Loyseau ne cache point son mépris, il comportait de plus une institution mauvaise, la corvée. Il y avait des corvées publiques qui étaient dues au souverain, et des corvées particulières qui étaient dues aux seigneurs. Turgot, pensant que les corvées coûtaient plus cher à l'individu qu'elles ne rapportaient à l'État, les supprima en établissant à la place un impôt additionnel aux tailles. En même temps il créait un corps de cantonniers permanent pour l'entretien des routes. Compromises un moment par la chute du ministre, ces réformes finirent par réussir. En 1786, un nouvel édit rendait la corvée rachetable

(1) La plupart des règles contenues dans ces ordonnances ont été transportées dans notre droit administratif par le décret du 19-22 juillet 1791, *relatif à l'organisation d'une police municipale et correctionnelle* (art. 29). Sont également confirmés provisoirement les règlements qui subsistent touchant la voirie, ainsi que ceux actuellement existant à l'égard de la construction des bâtiments et de leur solidité...

en argent; et les lois du 4 août 1789 et du 15 mars 1790 abolissaient la corvée d'une façon définitive.

§ 2. Cours d'eau. — La publicité des rivières navigables n'a pas été reconnue sans efforts. Nous avons vu que dans le principe tous les cours d'eau avaient été compris dans la propriété féodale. Beaumanoir nous donne une distinction des rivières royales, banales et privées, qui repose sur la largeur qu'elles possèdent, et non sur leur navigabilité.

Cependant la royauté qui travaillait à reconstituer le royáume ne pouvait laisser de côté ce point de vue. On trouve d'abord quelques ordonnances particulières, destinées à certains fleuves. Telle est l'ordonnance de 1415 relative à la police de la Seine... « où il a été fait souvent plusieurs édifices et empêchements comme de vennes, gros pieux, moulins et pescheries, arbres, plantaz, isles, hayes, buissons, et plusieurs autres empêchements nuisibles et préjudiciables au fil et cours desdites rivières et aux nefs, bateaux, vaisseaux et marchandises estant en iceux, montans et avalans, passans et repassans... au grand grief, préjudice et dommage de tout le bien public... » Ces obstacles doivent disparaître, et les riverains laisseront le long des rivières un chemin de « vingt-quatre pieds de lê pour le traict des chevaux ».

En 1420 une ordonnance nouvelle confirme celle de 1415 et ordonne que... « ce qui aurait été faict de nouveau soit demoly et abattu, réaument et de faict, nonobstant oppositions ou appelations quelconques ».

En 1470 une ordonnance royale établissait un règlement pareil pour le cours de la Loire.

En 1509 la coutume de Meaux, pays soumis à l'autorité directe du roi, consacre la propriété du roi sur les grandes rivières et en 1572 une déclaration royale applique cette maxime et ordonne la vente des îles dans les fleuves.

Enfin au dix-septième siècle, Carondas énonce la règle que les rivières appartiennent au roi en principe, et que si néanmoins les particuliers ont titre suffisant pour établir leur propriété, ils doivent en laisser la navigation libre à l'usage du public.

L'ordonnance d'août 1669 sur les eaux et forêts établit les principes définitifs et donne une compétence générale aux juges des eaux et forêts. Ils devront connaître de « toutes actions concernant les entreprises ou prétentions sur les rivières navigables et flottables, tant pour raison de la navigation et flottage que des droits de pêche, passage, pontonnage et autres... constructions et démolitions d'écluses, gords, pêcheries et moulins assis sur les rivières... sans préjudice de la juridiction des prévôts des marchands es-villes où ils sont en possession de connaître... ».

Les articles suivants leur donnent ensuite le droit de juger « les litiges survenus pour le fait des îles, atterrissements, accroissements ; la compétence criminelle pour faits survenus à l'occasion des rivières, mais non les crimes commis sur personnes qui passent ; ils ont seulement le droit de dresser procès-verbal » à propos de ces faits.

Il leur est enjoint de faire des visites sur le territoire dont ils ont la juridiction, « pour connaître s'il y a des entreprises qui puissent empêcher la navigation et le flottage, et y être par eux pourvu en faisant rendre le cours des rivières libre » (art. 27). De plus aucune personne ne peut « s'immiscer en la jouissance des eaux, bois ou forêts du domaine, tenus à titre de douaire, concession, engagement, usufruit ou autrement, si les grands maîtres n'ont visité les lieux et fait procès-verbal » (titre XXII, art. 1).

La conséquence naturelle de cette déclaration était la suppression de tous « les droits établis depuis plus de cent années sans titre sur les rivières, et défense de les lever... sous peine du quadruple ». L'ordonnance maintenait cependant les droits antérieurs à cette date, sauf vérification.

Ce dernier article ayant donné lieu à des difficultés, l'édit interprétatif de 1683 et surtout celui de 1693 les résolut en confirmant les possessions antérieures à 1566. Depuis l'ordonnance de 1669 on décida, contrairement au droit romain, que le lit abandonné par la rivière appartenait au roi, car il était public. — De plus, tandis que la navigation était déclarée libre, les canaux d'arrosage ne durent être construits qu'avec la permission du roi. — La pêche, les épaves, les cailloux du Rhin, l'or qui se trouve dans l'Ariège, la Cèse, le Dous, le Rhône, étaient réservés au roi. Les îles des grandes rivières lui appartenaient également. « Ainsi le chapitre de Paris ne jouit que par un bienfait du souverain des deux îles Notre-Dame qui n'en font qu'une aujourd'hui, dont la possession lui a été confirmée par un traité avec le roi, du 12 mai 1642, et la ville ne possède l'île des Cygnes que par une grâce semblable du 27 septembre 1723 (1). »

Les constructions bâties entre les deux rives étaient également royales, « comme il a été jugé pour le pont de Neuilly, le 26 février 1618, contre les religieux de Saint-Denis ».

Nous touchons presque au droit moderne; pour débarrasser les fleuves des dernières entraves féodales, les lois de la Révolution n'auront qu'à combiner d'une façon rigoureuse les règles des ordonnances et le principe d'inaliénabilité.

§ 3. **Canaux.** — L'étude des canaux se rattache naturellement à celle des cours d'eau. On ne commença guère à en construire qu'à partir du règne de Henri IV; le canal de Briare, commencé sous ce prince, fut achevé sous Richelieu; il avait pour but de permettre l'échange et le transport des marchandises entre Paris et les provinces du centre. — Le canal d'Orléans commencé en 1682, et dont l'exécution avait été confiée à Monsieur, frère du roi, ne fut terminé qu'en 1692. Citons encore le canal de Beaucaire, commencé en 1773, le canal de Bourgogne en 1775, le canal du Centre en 1784.

Mais la plus belle entreprise de l'ancienne monarchie fut le canal du Languedoc, exécuté de 1664 à 1684. Il fait également honneur au grand ingénieur Riquet (2) qui en a eu l'idée

---

(1) Lefebvre-Delaplanche, *Traité du domaine.*

(2) L'honneur d'avoir conçu l'idée première de ce beau travail a été reven-

t au ministre opiniâtre et laborieux qui en a poursuivi l'exécution. Le mode de concession était différent de celui qui est actuellement en usage; il consistait généralement en un droit de péage perpétuel, appuyé sur une attribution de fief. C'était le seul moyen d'assurer la perception des droits, au milieu d'une société encore toute féodale.

Quand Riquet devint adjudicataire des travaux, le futur canal « avec ses rigoles, chaussées, écluses, balises », fut érigé, par un arrêt du conseil, « en haut fief avec château, tours et crénaux et fourches patibulaires, et droit de péage ou droit de voiture consistant dans le droit exclusif d'avoir des bateaux sur le canal pour le transport des voyageurs et des marchandises, à la charge d'entretenir à perpétuité le canal en bon état de navigation ».

Riquet paya la seigneurie du canal 200 000 livres (1), d'après le système d'adjudication introduit par Colbert. En effet, avant ce ministre la direction des grands travaux publics était généralement confiée dans la même province au même entrepreneur. Il en résultait au profit de quelques privilégiés un véritable monopole qui ne garantissait ni l'intérêt des finances de l'État, ni la bonne exécution des travaux Colbert, tout en conservant le système de concession féodale, innovait donc sur un point très important (2).

diqué en faveur de l'ingénieur Andréossi par son petit-fils, le général Andréossi (*Histoire du Canal du Midi.* Paris, 1800, in-8° , et 1804, in-4°).— MM. de Caraman, descendants de Riquet, ont fait paraître une réponse pour soutenir les droits de leur ancêtre. (*Histoire du Canal du Languedoc.*)

(1) Rapport sur un mémoire de M. Cotelle concernant l'administration de Colbert, par M. Léon Faucher (*Recueil de l'Acad. des sciences morales et politiques*, année 1852, t. XXII, p. 453).

(2) Nous relevons chez divers auteurs les chiffres suivants relativement à la dépense du canal. En 1779 le canal avait déjà coûté 14 millions de livres dont le Trésor royal avait fourni la moitié. Quand en 1681 le canal fut ouvert, la dépense totale se montait à 17 millions de livres qui en vaudraient aujourd'hui plus de 34.

Le canal commence à 2 kilomètres au-dessous de Toulouse, et finit à l'étang de Thau, près d'Agde; son parcours est de 239 kilomètres. Il est à point de partage entre Castelnaudary et Villefranche, et possède 100 écluses.

Les canaux de Briare, d'Orléans, du Loing et de Givors étaient l'objet de concessions semblables à celles du canal du Midi; l'effet en subsiste encore, et de nombreux arrêts de la Cour de cassation et du conseil d'État l'ont reconnu.

§ 4. Mer. Rivages de la mer. — Après avoir appartenu au seigneur féodal dont elle bordait le territoire, la possession de la mer côtière fut reprise par la royauté. Une ordonnance royale du 1er février 1544 enleva aux seigneurs hauts justiciers leurs droits de police sur les rivages de la mer, et l'ordonnance de 1681 en organisa le régime définitif.

Elle commençait par une définition : « Sera réputé bord ou rivage de la mer tout ce qu'elle couvre ou découvre pendant les nouvelles et pleines lunes et jusques où le grand flot de mars se peut étendre sur les rivages. »

Puis elle édictait certaines règles : « Défense de bâtir, de planter des pieux sur le rivage de la mer, de faire des ouvrages qui pourraient porter préjudice à la navigation; de tendre des filets à l'embouchure des rivières navigables » sur le passage ordinaire des vaisseaux. — La pêche de la mer était libre, de même que la navigation; mais les îles, lais et relais, droits d'ancrage, balises et les parties de mer enfermées dans les terres, appartiennent au roi, « parce qu'il possède la puissance publique ». Il a même la propriété des parties de la mer qui touchent d'assez près aux rivages pour en dépendre. « *Quatenus ex terra cogi possunt qui in proxima maris parte versantur* », dit Grotius.

§ 5. Domaine militaire. Edifices publics. — Il nous reste à parler de la partie du domaine public qui a été construite, des places de guerre et des édifices publics.

Ici encore, nous rencontrons les empiètements des seigneurs et les revendications de la royauté. Richelieu termine la lutte, et l'édit de juillet 1626 décrète la suppression des dernières forteresses féodales. Désormais le domaine militaire est réservé au roi.

Les forteresses et fortifications des places de guerre faisaient partie du grand domaine; elles étaient, par conséquent, inaliénables et imprescriptibles tant qu'elles étaient entretenues. Quand la construction était détruite, le roi gardait la propriété du sol. Telle est la décision formulée dans les arrêts d'août 1572 et 26 janvier 1688, au sujet des remparts, murs et fossés près la porte de Nesle.

En décembre 1681, un édit règle également le sort des aliénations faites par le prévôt des marchands et les échevins de Paris de certaines parties des remparts et fossés de la ville. Le roi maintient son droit en principe, mais il confirme les possesseurs actuels dans la possession des parties qu'ils détiennent, à charge de payer une somme fixe et un cens annuel.

Le droit des terrains voisins des places fortes était l'objet de différents actes du pouvoir. Un arrêt du conseil du 21 août 1696 décidait que l'espace qui est dans l'intérieur des villes près les murs, jusqu'à concurrence de neuf pieds, fait partie des fortifications. En outre, plusieurs édits ou ordonnances imposaient diverses servitudes aux terrains voisins des places fortes; servitudes de ne pas bâtir (ordonnances de 1670-1675, et surtout édit du 9 décembre 1713), défense de déposer des matériaux, de construire, sans autorisation, des chemins dans un rayon de 500 toises, etc... (ordonnance du 7 février 1744 — ordonnance de 1776). Mais les places de guerre auxquelles s'appliquaient ces servitudes n'étaient pas bien déterminées et ne le furent que par des lois des Assemblées révolutionnaires.

De même que les places fortes, les édifices publics appartenaient au grand domaine et jouissaient des privilèges d'inaliénabilité et d'imprescriptibilité. Ils étaient administrés par les officiers des bâtiments qui faisaient partie de la maison du roi, et à la tête desquels se trouvait le directeur et ordonnateur général des bâtiments et jardins du roi, académies et manufactures royales.

Cependant les travaux de construction et d'entretien dans les provinces étaient presque toujours compris dans le ressort des intendants. Les trésoriers de France avaient lutté long-temps pour leur faire retirer ce droit, qu'ils qualifiaient d'empiètement ; ils avaient même obtenu un arrêt du conseil, en date du 30 avril 1648, pour leur défendre de s'immiscer davantage dans ces attributions. Néanmoins, la pratique contraire prévalut, et les intendants restèrent chargés du soin des édifices, soin qu'ils cumulaient avec la surveillance de certains droits domaniaux.

DROIT FRANÇAIS

DES BIENS QUI COMPOSENT LE DOMAINE PUBLIC DE L'ÉTAT — DE LA DÉLIMITATION

CHAPITRE PREMIER

SÉPARATION DU DOMAINE PUBLIC ET DU DOMAINE PRIVÉ DE L'ÉTAT

L'étude que nous venons de faire nous a montré à quel point le domaine de la couronne et le domaine public de l'État avaient été confondus sous la main et sous l'administration de la royauté. Nous avons également reconnu les règles exorbitantes du droit commun qui régissaient indistinctement ces deux classes de biens, au point de vue de l'inaliénabilité ; confusion regrettable qui ne répondait ni aux besoins d'une bonne administration, ni aux principes rationnels du droit.

Sous la pression des événements politiques et de nécessités financières, l'Assemblée constituante se proposa de revenir à l'ordre normal, de séparer les deux domaines et de restituer à chacun d'eux son caractère propre, en conservant au domaine public son caractère d'inaliénabilité, en déclarant au contraire aliénables par un décret de la puissance législative les biens fonciers de l'État. En conséquence, la loi des 22 novembre, 1ᵉʳ décembre 1790, sur la législation domaniale, abolit un mode de protection irrégulier et devenu sans objet, depuis que « la nation était rentrée dans ses droits » ; désormais cette partie du droit public devait reposer sur des bases nouvelles.

Le rapporteur, M. Enjubault, s'exprimait ainsi : « ..... Toute nation a le souverain domaine de l'universalité du territoire qu'elle occupe. Ce domaine éminent, qui ne diffère de la puissance publique que comme la cause diffère de son effet, assure à la nation la propriété directe de toutes les portions du territoire qui par leur nature ou leur situation ne peuvent appartenir à personne en particulier ; et de celles encore qui demeurent vacantes et sans maître.

« Les grands chemins, les fleuves, les rivages de la mer, sont de la première classe ; les biens vacants et les successions délaissées faute d'hoirs, sont compris dans la seconde. »

Il est impossible d'établir une distinction plus nette entre les biens dont l'État a la garde plutôt que la propriété, et ceux au contraire qu'il détient en vertu du droit commun, à titre de simple propriétaire :

Les dispositions de la loi, malgré le manque de précision de leurs termes, reproduisaient au fond la pensée du rapporteur.

« Art. 2. — Les chemins publics, les rues et les places des villes, les fleuves et rivières navigables, les rivages, lais et relais de la mer, les ports, les havres, les rades, etc... et en général toutes les portions du territoire national qui ne sont pas susceptibles d'une propriété privée, sont considérés comme des dépendances du domaine public.

» Art. 3. — Tous les biens et effets, meubles et immeubles demeurés vacants et sans maître, appartiennent à la nation.

» Art. 4. — Les murs et fortifications des villes font partie des domaines nationaux. »

On voit que la signification juridique des mots n'est pas encore bien fixée. Les expressions « domaine public, domaine national, biens qui appartiennent à la nation », sont mêlées ensemble d'une façon singulière, et, à prendre le texte à la lettre, la loi deviendrait inintelligible. Ainsi, d'après l'article 5, les murs et fortifications des villes font partie des biens nationaux, tandis que d'après l'article 7 les acquisitions faites par le roi à titre singulier se réunissent de plein droit à la fin de son règne au domaine public. Le préambule va même jusqu'à qualifier de domaine public tous les biens possédés par l'État.

Néanmoins, les idées contenues dans la loi étaient rationnelles au fond. Le domaine public recevait une définition, et la formule en était assez heureuse : « Toutes les portions du territoire national qui ne sont pas susceptibles de propriété privée font partie du domaine public. » Il devenait facile d'en déduire les caractères distinctifs d'inaliénabilité et d'imprescriptibilité qui lui étaient réservés.

Au contraire des qualités différentes étaient attribuées aux anciens domaines de la couronne. « Le produit du domaine est aujourd'hui trop au-dessous des besoins de l'État pour remplir sa destination primitive ; la maxime de l'inaliénabilité devenue sans motif serait encore préjudiciable à l'intérêt public, puisque des possessions foncières, livrées à une administration générale sont frappées d'une sorte de stérilité, tandis que dans la main de propriétaires vigilants, elles se fertilisent, multiplient les subsistances, etc...» En conséquence ces biens étaient déclarés aliénables, du moment que la nation, représentée par ses mandataires, trouvait utile d'en disposer. L'aliénation devait être autorisée par « un décret formel du Corps législatif, sanctionné par le roi, en observant toutes les formalités prescrites pour la validité de ces sortes d'aliénations ». — Une réserve cependant était faite ; la prescription ne pouvait pas être invoquée contre les biens dont l'aliénation n'avait pas été autorisée par décret... « Toute concession, toute distraction du domaine public, dit le préambule, est essentiellement nulle ou révocable si elle est faite sans le concours de la nation, » et l'article 36 édictait en conséquence que « la prescription aurait lieu à l'avenir pour les domaines nationaux dont l'aliénation serait permise par les décrets de l'Assemblée ».

C'était revenir à peu près au régime que le Bas-Empire appliquait aux biens du fisc. Cette disposition particulière ne fut d'ailleurs pas durable et disparut avec l'article 2226 du Code civil.

Une conséquence pratique, tirée des caractères que nous venons de reconnaître, se trouva déduite dans l'article 103 de la loi du 3 frimaire an VII (1), et acheva de distinguer les deux classes de biens : « Les rues, les places publiques servant aux foires et marchés, les grandes routes, les chemins publics vicinaux et les rivières ne sont pas cotisables. » Il en était autrement des domaines nationaux, productifs ou non, qui devaient être portés sur les états de section, et matrices des rôles, bien qu'ils ne fussent pas tous également soumis à la cote.

CHAPITRE II

DES BIENS QUI COMPOSENT LE DOMAINE PUBLIC D'APRÈS LE CODE CIVIL ET LES LOIS SUBSÉQUENTES

§ 1. Dispositions du Code civil. — L'Assemblée constituante venait donc de trouver une formule et un principe dans une matière où le droit romain et l'ancien droit n'avaient procédé que par dispositions spéciales, et par mesures particulières. Toutefois la classification des objets qui composent le domaine public, n'était pas ou était mal faite, et la loi de 1790 n'énonçait ni les règles qui serviraient à constituer le domaine public, ni celles qui en opéreraient le déclassement. Aussi le droit a-t-il dû faire de nouveaux progrès et combler peu à peu les lacunes qui subsistaient encore.

Le Code civil de 1804 reprit les règles, posées dans la loi de 1790 et les consacra définitivement dans les articles suivants :

« Art. 538. Les chemins, routes et rues à la charge de l'État,

____

(1) La première loi du 13 novembre 1790 sur la contribution foncière ne contient pas cette disposition.

les fleuves et rivières navigables ou flottables, les rivages, lais et relais de la mer, les ports, les havres, les rades, et généralement toutes les portions du territoire français qui ne sont pas susceptibles d'une propriété privée, sont considérés comme des dépendances du domaine public (1).

» Art. 540. Les portes, murs, fossés, remparts des places de guerre et des forteresses, font aussi partie du domaine public.

» Art. 541. Il en est de même des terrains, des fortifications et remparts des places qui ne sont plus places de guerre : ils appartiennent à l'État, s'ils n'ont été valablement aliénés, ou si la propriété n'en a pas été prescrite contre lui.

» Art. 1598. Tout ce qui est dans le commerce peut être vendu lorsque des lois particulières n'en ont pas prohibé l'aliénation.

» Art. 2226. On ne peut prescrire le domaine de choses qui ne sont point dans le commerce. »

Nous trouvons dans ces articles plusieurs règles que nous connaissons déjà, et aussi quelques innovations.

§ 2. **Des biens qui font naturellement partie du domaine public**, d'après l'article **538**. —

Avant d'entrer dans le détail des diverses questions qui se posent à propos de chacun des biens que nous venons de voir énumérés dans le Code, il nous semble utile de dire dès maintenant quelles sont les conditions nécessaires pour qu'un bien fasse partie du domaine public en vertu seulement de l'article 538, et sans autre disposition spéciale de la loi.

Ces conditions sont au nombre de trois :

1° Il faut que le bien soit « non susceptible de propriété privée par sa nature. » Le rôle de l'administration ne consiste pas à créer le domaine public, mais à le reconnaître, et l'acte

______

(1) L'article 539 range, il est vrai, les biens vacants et sans maître dans le domaine public, mais il n'est point douteux que ce ne soit une erreur de rédaction, sans influence sur la doctrine. L'édition du Code de 1804 porte ces mots : « appartiennent à la nation, » ce qui est beaucoup plus juste que la leçon actuelle, insérée dans l'édition du 3 septembre 1807.

qui ne tiendrait pas compte des faits naturels devrait être annulé par le conseil d'État pour excès de pouvoir. C'est en effet en raison de leur nature physique que les fleuves, les rivières navigables et les rivages de la mer sont rangés dans le domaine public. Les routes et les places publiques, les ports et les rades ne peuvent également, en raison de leur forme actuelle, être occupés par la propriété privée. L'acte officiel prépare la création de la route, ou du chemin de fer, mais ceux-ci n'entrent véritablement dans le domaine public que du jour où ils existent à l'état de route et de chemin, et non du jour des décrets d'ouverture, de concession ou de classement (1). »

Les déclarations de navigabilité du gouvernement, les décrets de délimitation du rivage de la mer, et les arrêtés préfectoraux de délimitation des ports, havres et rades n'ont pour but et ne doivent avoir pour effet que de reconnaître un fait naturel préexistant. Un acte de l'autorité administrative, qui ne s'appuierait point sur un texte spécial de loi, serait impuissant à donner les caractères de la domanialité publique à des biens qui en seraient naturellement dépourvus. Décider le contraire, ce serait compromettre de la façon la plus grave les intérêts privés qui sont souvent engagés dans les questions de détermination du domaine public, et méconnaître les limites que les lois et les principes constitutionnels imposent également au pouvoir administratif.

2° La seconde condition que nous relevons est « que le bien soit affecté à la jouissance commune directe et libre du public, c'est-à-dire de l'universalité des individus qui se trouvent sur le territoire, nationaux et étrangers, de manière qu'ils puissent en user eux-mêmes et sans entraves pour leurs occupations, leurs affaires ou leurs plaisirs: les parties du domaine qui seraient affectées à un service, non à l'usage public, ne rentrent point dans cette définition (2). » Telle est en effet la définition

----

(1) Ducrocq, *Cours de droit administratif.*
(2) Ducrocq, *Du classement des édifices publics.*

même de la publicité ; les parties du sol national où ce caractère se retrouve font partie du domaine public, et sont les seules que la nature y ait compris.

3° **La** loi demande que le bien, affecté du caractère de domanialité publique, fasse partie du territoire français ; expression un peu solennelle qui s'appliquerait mal à une propriété bâtie (1). La loi semble en effet avoir visé dans l'article 538 des choses dont on fait usage dans leur état naturel, ou du moins des choses où le travail de l'art n'a eu pour but que de faciliter l'usage commun. Or les édifices sont une création où le travail de l'homme surpasse l'apport de la nature. Cette considération semble donc bien devoir les exclure de notre disposition.

§ 3. Routes. — L'article 538 établissait les règles de la domanialité publique en faveur des « chemins, routes et rues à la charge de l'État » et se taisait sur les autres routes. Il est vrai que l'article 471, 5° du Code pénal établissait une pénalité pour les contraventions de « petite voirie »; mais rien ne déterminait exactement quelles étaient les routes qui en faisaient partie.

Le décret du 16 septembre 1811 reconnut enfin un domaine public départemental, et les lois des 28 juillet 1824 et 21 mai 1836 classèrent définitivement dans le domaine public communal les routes qui « étaient reconnues nécessaires à la communication des communes ».

C'est ainsi que furent complétées les dispositions de l'article 538, qui avait seulement statué sur les routes appartenant à l'État.

On considère comme faisant partie de la voie publique les objets qui font corps avec elle, comme les ponts avec ou sans péage, et les monuments qui y sont placés pour l'embellir comme les arcs de triomphe, les statues, etc... On étend la

______
(1) *Id.*, *id.*, § 74.

même décision aux objets qui sont destinés à l'utilité publique, comme les becs dè gaz, les bornes-fontaines, etc... Il en est dé même des eaux captées par une ville, et des conduites qui les amènent. Aussi a-t-on constamment décidé que les concessions d'eau étaient toujours révocables (1).

§ 4. Fleuves. — La disposition qui concerne les fleuves est assez remarquable dans sa brièveté. Aucune distinction n'y est faite entre les fleuves et les rivières navigables quelle qu'en soit la condition. La loi efface l'ancienne distinction entre « les rivières portant bateaux de leur fond, sans artifices et ouvrages de mains » (Ordonnance de 1669, titre 27, article 41), et celles, au contraire, qui ne doivent leur navigabilité qu'à des travaux d'art. Cette distinction n'ayant été reproduite ni par la loi du 22 novembre 1790, ni par le Code civil, il est donc acquis désormais que toutes les rivières, même celles où la navigation est établie à l'aide d'écluses ou d'ouvrages d'art, font partie du domaine public.

En conséquence, il paraît que ceux qui à raison des travaux qu'ils avaient faits, et qu'ils étaient chargés d'entretenir, avaient été déclarés propriétaires de ces rivières, se sont trouvés dépossédés par la loi de 1790, quels que fussent leurs titres de concession, et la propriété de ces rivières est rentrée dans les parties inaliénables du domaine public (2).

§ 5. Mer et rivages de la mer. — La mer et ses rivages demeurent soumis au régime établi par les ordonnances. Toutefois, en 1807, une loi postérieure au Code introduisit une modification assez importante qui devait donner lieu à de sérieuses difficultés.

Loi du 16 septembre 1807, article 41 : « Le gouvernement concédera, aux conditions qu'il aura réglées, les marais, lais et

---

(1) Ducrocq, *Droit administratif*, t. II, § 944, 1304.
(2) Cass., 27 juillet 1828. — Sir., 28, 1, 431.

relais de la mer, les droits d'endigage, les accrues, atterrissements et alluvions des fleuves, rivières et torrents, quant à
ceux de ces objets qui forment propriété publique et commu-
nale. »

Quel est au juste le sens de cet article? On est d'accord
pour reconnaître qu'il autorise le gouvernement à aliéner les
lais et relais de la mer par simple décret, tandis que les
lois précédentes exigeaient un acte du Corps législatif. Il le
dispense également de suivre la voie des enchères, et l'autorise
à agir par voie de concession, bien que ce droit ait peu servi
depuis, et qu'un avis du ministre des finances, en date du
19 novembre 1841 recommande à ses fonctionnaires d'a-
dopter le mode d'aliénation par concurrence et aux enchères
publiques.

Mais on est moins fixé sur le point de savoir quelle était la
législation antérieurement à ce décret et comment elle a été
modifiée par lui, relativement à la nature et à la prescriptibilité des lais et relais. Voici les solutions qui ont été données
par la Cour de cassation. — Avant 1790, les lais et relais de
la mer étaient aliénables et prescriptibles, car ils faisaient
partie de ce qu'on appelait alors le petit domaine (1). La loi
du 22 novembre 1790 déclara qu'ils faisaient partie du domaine
public et les rendit inaliénables et imprescriptibles; elle ne put
cependant nuire aux droits légitimement acquis, sous la législation antérieure, par voie d'achat ou de prescription. Depuis
cette époque, la loi de 1807 est venue faire passer les lais
et relais de la mer dans le domaine privé de l'État, et permettre
leur aliénation; mais une délimitation doit intervenir d'abord,
et ce n'est que lorsqu'un arrêté aura déclaré ce qui est rivage
et ce qui est relai, que l'aliénation et la prescription devien-
dront possibles (2).

____

(1) Arr. Cassation, 18 mai 1830, Haranchipy; — D., 30, 259, 15 novembre
1842, Kuglet; — 43, 1, 79, 2 février 1844, Gendronneau; — D., 44, 1, 79, —
17 nov. 1852, Favier; — D., 53, 1, 106; — 21 juin 1859, Mosselman; D., 59,
1, 252; — 28 déc. 1864, Soc. des Polders. de l'ouest; — D., 65, 1, 139. —
En sens contraire : — Bourges, 3 avril 1837, Delabarre.

(2) Arrêt Cass., 17 novembre 1851. — Favier, D. 1853, 1, 105.

Le 21 février 1852 intervint un décret législatif qui fixait le mode d'après lequel devait se faire cette séparation. Comme ceci touche encore plus au mode de constitution du régime public qu'à la nature du régime de la mer, nous renvoyons ce sujet à un chapitre spécial.

§ 6. **Domaine militaire**. — Enfin, le Code civil modifiait les lois de la Révolution en ce qui concerne le domaine militaire, où sont compris les murs et fortifications des places de guerre. M. Enjubault avait dit, à ce sujet, en 1790 : « Le comité a pensé que tout ce qu'on peut accorder au domaine est de le présumer propriétaire lorsqu'on ne peut lui opposer ni titre valable ni possession suffisante. » Le tribun M. Goupil-Préfeln disait, au contraire : « Les portes, murs, fossés et remparts des places de guerre sont, par leur nature, des dépendances nécessaires du domaine public; ils sont inaliénables tant qu'ils conservent cette destination, et conséquemment imprescriptibles, car la prescription est un moyen d'aliénation.

» Les terrains des fortifications et remparts des places qui ne sont plus places de guerre appartiennent à la nation, mais elle peut les aliéner dans les formes et suivant les règles établies par les lois, et la propriété peut en être prescrite contre elle. »

L'article 540, rédigé d'après cette pensée, laisse peut-être un peu à désirer sous le rapport de la précision des termes. On y lit, en effet : « Les murs et fossés... font aussi partie du domaine public, » et le mot « aussi » indique entre les forteresses dont parle l'article 540, et les biens vacants qui sont énoncés dans l'article 539, une corrélation qui n'est pas absolument légitime et qui pourrait inspirer quelques doutes sur le sens de l'article, si l'on ne savait déjà que les incorrections ne sont pas rares dans le langage du droit public à cette époque. M. Goupil-Préfeln avait, du reste, fort bien dit que ces choses resteraient publiques jusqu'à ce qu'une déclaration contraire vînt en effectuer le déclassement, et qu'alors cesseraient les exceptions au droit commun, qui avaient été admises en leur faveur.

Tous les biens que nous venons d'énumérer jouissaient des mêmes privilèges, l'inaliénabilité et l'imprescriptibilité, consacrés par les articles 1598 et 2226.

§ 7. Canaux. — Il est assez remarquable qu'aucune disposition du Code civil n'ait réglé la législation applicable aux canaux, dont le nombre et l'importance, déjà considérables, étaient encore destinés à s'accroître.

Cependant la question s'était déjà posée depuis la Révolution. Un décret des 9 novembre 1790 — 30 janvier 1791 réglait le mode de la concession du canal de l'Ourcq en faveur d'un sieur Brûlée. Celui-ci s'engageait à acquérir les terrains et à effectuer les travaux nécessaires moyennant la concession du monopole des péages pendant cinquante ans (art. 12 et 13) au bout desquels la concession devait faire retour à l'État. L'entrepreneur conserverait seulement la propriété de certains terrains, et des magasins qu'il aurait fait construire. Les articles 5 et 6 établissaient un mode d'expropriation spécial en sa faveur. « Il acquerra les propriétés nécessaires à l'exécution de son canal et de ses dépendances, suivant l'estimation faite par des commissaires nommés par les directoires de département, et les différends s'il en survient seront terminés par les directoires. — Art. 6 : Il ne pourra se mettre en possession d'aucune propriété qu'après le paiement réel et effectif de ce qu'il devra acquitter. » — Ce décret ne constituait toutefois qu'une mesure particulière.

Les Assemblées représentatives, nommées conformément à la Constitution de l'an III, portèrent également leur attention sur ce sujet. Une résolution du conseil des Cinq-Cents posait en principe « que les grands canaux de navigation à l'usage du public font essentiellement partie du domaine public, et que les concessions qui peuvent en avoir été faites ne peuvent mettre obstacle aux mesures à prendre pour leur conservation, amélioration et agrandissement, sauf le droit des concessionnaires aux remboursements et indemnités qui peuvent leur être dus et la continuation de leur jouissance jusqu'à l'acquittement entier et effectif ».

Sans adopter ni repousser ces considérations, le conseil des Anciens en consacra implicitement les principes dans les articles 25 et 26 de la loi du 21 vendémiaire an V (1), qui établissait, sur le canal du Midi, le droit de surveillance de l'administration.

Sous le Consulat, la loi du 29 floréal an X étendit le régime de la grande voirie à toutes les contraventions commises « sur les *canaux*, fleuves et rivières navigables » ; mais cette loi ne constituait pas encore une mesure générale, qui fît rentrer indistinctement dans le domaine de l'État tous les canaux (2).

Il est vrai qu'à l'égard du canal du Midi, le premier Consul s'attribuait le droit de réglementer avec une autorité absolue. Non content de disposer en maître de la partie des actions qui appartenait à l'État, il créait, par le décret du 10 mars 1810, un régime spécial, qui mettait le canal du Midi sous la direction d'un administrateur nommé et appointé par l'État, et retirait aux propriétaires présents et à venir tout contrôle véritable et toute action directe sur l'administration.

A la chute de l'Empire, une réaction eut lieu. La loi du 5 décembre 1814 abolit les lois de confiscation édictées en 1793 (7 avril et 25 juillet), que les lois du Consulat et même celle du 6 floréal an X n'avaient qu'incomplètement effacées. Elle restituait donc aux anciens propriétaires ou à leurs ayants droit les biens dont ils avaient été dépouillés.

Aussi, les Compagnies dont les concessions n'avaient pas été directement atteintes, comme les Compagnies du canal de Briare, du canal du Lez, du canal de Crozat, etc., gardèrent purement et simplement leurs droits de propriété, tels qu'ils avaient été institués par les lettres patentes de leur fondation.

____

(1) Merlin, *Répertoire de jurisprudence*, vº Canal.

(2) La loi du 22 décembre 1789 énonce que les canaux à créer feront partie du domaine public. La loi du 27 juillet 1870 (*art.* 1) l'ordonne expressément ; mais ces lois n'ont pas d'effet rétroactif sur les droits acquis.

Quant au canal du Midi, une ordonnance spéciale le concernant
était rendue le 25 avril 1823.

Le gouvernement « cessait d'avoir droit à la propriété de
ces canaux et restituait aux Compagnies propriétaires le plein
et entier exercice de leurs droits ». En conséquence, il renon-
çait au droit de nommer, conformément à la loi de 1810, l'administrateur en chef du canal et il restituait cette attribution à
la Société des actionnaires, qu'il constituait d'une façon uniforme.

Il n'y avait donc, en somme, aucune loi qui établît d'une
façon générale la propriété de l'État sur ces cours d'eau, que
l'industrie avait créés; bien au contraire, si quelques droits
avaient été enlevés aux anciens concessionnaires par les lois de
la Révolution, la loi du 5 décembre 1814 indiquait formellement la volonté de les leur restituer.

Cependant la nature du droit des anciennes Compagnies
concessionnaires fut l'objet de difficultés qui durent être portées devant les tribunaux.

On discuta la portée des lois dont nous avons indiqué l'esprit;
on prétendit que le droit du public de se servir librement du
canal sans autre obligation que de payer les tarifs et de respecter les règlements, emportait un caractère de publicité absolue.
Il fallut examiner de près cette théorie pour savoir si les aliénations que les Compagnies concessionnaires avaient faites de
tout ou partie de leurs droits, étaient valables, si on pouvait
leur opposer la prescription ; quels étaient les impôts dont
elles étaient passibles, comment l'administration pouvait modifier leurs tarifs, etc...

La Cour de cassation et le conseil d'État, plusieurs fois consul-
tés, ont toujours répondu que les Compagnies sont propriétaires du canal et de ses dépendances, bien que cette propriété
soit affectée à perpétuité au service public de la navigation (1).

En conséquence, lorsqu'une Compagnie, propriétaire d'un

(1) Arrêt Cass. du 10 avril 1860, canal du Midi ; — 11 novembre 1867 ;
— S. 1868, 1, 426 ; — C. d'État, 30 avril 1868, Guillemet; — C. d'État, 1870,
ville de Châlons-sur-Marne.

canal, a concédé à une autre Compagnie la faculté d'établir sur ce canal un embranchement révocable pour le cas où il deviendrait nuisible à la navigation, cette aliénation ne peut être attaquée sous prétexte que la Compagnie aurait disposé d'un droit indisponible (1).

Lorsqu'une partie des terrains, qui dépendent des francs bords, du canal a été incorporée à une route impériale, la Compagnie subit une expropriation, dont l'indemnité doit être réglée par le jury d'expropriation, et non par le conseil de préfecture (2).

Le canal peut être grevé de servitudes qui ne sont pas incompatibles avec sa destination publique (3).

Quand des propriétaires de bateaux ont l'habitude de les faire stationner sur les bords du canal d'une façon qui n'est pas prévue par les tarifs, les concessionnaires du canal ont le droit de demander à l'administration de statuer par un règlement d'administration publique, pourvu que ce règlement ne contienne pas de dispositions contraires aux contrats de concession (4).

Un arrêt du conseil d'État, du 22 mars 1851, semble, il est vrai, se rattacher à une théorie différente en décidant que « les canaux de navigation constitués à titre perpétuel ou temporaire ne sont pas soumis à la taxe de main morte ». Cet arrêt ne fait aucune distinction dans les divers modes de concession. Mais il a été vivement critiqué (5), et il n'a pas fait

---

(1) Arrêt Cass., 7 novembre 1865, chemin de fer du Midi c. Comp. des Salines de Bagnas. — D., 1866, 1, 254.

(2) Arrêt C. d'État, 10 avril 1860.

(3) Arrêt Cass., 11 novembre 1867, canal du Midi. — D., 1868, 1, 426.

(4) Arrêt Cass., 5 mars 1829, canal de Briare ; — S., 1829, 1, 255 ; — arrêt C. d'État, 30 décembre 1858, canal de Givors.

(5) M. de Serrigny (*Revue critique*, t. I, 477) comparait les canaux aux offices dont Loyseau analysait ainsi le rôle : « Ils sont offices en la forme et domaine en la matière, c'est-à-dire offices à l'égard de leurs fonctions publiques et domaine à l'égard de leurs revenu et propriété. » — Ces voies de communication sont dans le domaine public quant à l'usage auquel elles sont soumises, quant à l'imprescriptibilité qui les protège, quant au régime

jurisprudence en dehors de la matière spéciale à laquelle il s'appliquait. Nous croyons donc qu'il ne doit avoir aucune influence sur la théorie que nous venons d'exposer.

§ 8. **Chemins de fer**. — Le domaine public devait encore s'enrichir, avec la création des chemins de fer, d'une classe de biens que les rédacteurs du Code civil ne pouvaient prévoir, et qui possède aujourd'hui une importance considérable. Les premières concessions étaient faites à perpétuité. C'est ainsi qu'avaient été concédés, en 1823, le chemin de Saint-Étienne à la Loire; en 1826, celui de Saint-Étienne à Lyon; en 1833, la ligne d'Alais à Beaucaire, etc... Du reste, ce n'est qu'à partir du mois de juillet 1832 que la traction par locomotives fut substituée à la traction par chevaux sur le chemin de fer de Saint-Étienne à Lyon (1).

Après 1835, les concessions n'ont plus été faites qu'à titre temporaire, et l'État s'est réservé le droit de prendre possession des chemins à l'expiration de la concession. Depuis, ce principe n'a plus été abandonné. L'abandon de la pleine propriété ne se justifie plus comme au moyen âge par des considérations économiques spéciales. Le privilège d'exploitation suffit en général pour rémunérer les Compagnies et leur assurer la récompense des fonds qu'elles ont employés à la construction et à la mise en exploitation du chemin. — Le maintien de la propriété entre les mains de l'État est le juste prix de l'appui que celui-ci a prêté aux Compagnies, soit en déclarant que leurs entreprises étaient d'utilité publique, soit en déterminant le

de la grande voirie et aux lois et règlements de police qui les régissent; compagnies quant aux émoluments et aux produits utiles qu'elles peuvent procurer.

Il est donc dérisoire de prétendre que ce domaine appartient à l'État sous prétexte qu'ils sont, quant à leur usage, dans le domaine public. Autant vaudrait dire que les offices vénaux ne sont pas passibles de droits de mutation, par la raison que la fonction y attachée est dans le domaine de la puissance publique.

(1) Aucoc, *Conférences de droit administratif*, 2ᵉ édition, t. III, § 1209.

tracé de leurs lignes, soit en leur assurant un monopole, soit enfin en soutenant leur crédit à travers plusieurs crises commerciales.

Aussi la loi du 15 juillet 1845 a-t-elle déclaré, dans son article 1er, que les chemins de fer « faisaient partie de la grande voirie ». Ils ont donc été placés sous la surveillance des ingénieurs des ponts et chaussées et de leurs subordonnés, et sous la juridiction des tribunaux administratifs. De plus, des règlements spéciaux ont déterminé la durée du droit d'exploitation, durée qui, après plusieurs variations, a été fixée d'une manière uniforme à quatre-vingt-dix-neuf ans.

La loi de 1845 ne définissait point la nature du droit que les actes de concession donnaient aux Compagnies. Aussi cette question a-t-elle donné lieu à plusieurs controverses dont l'importance n'était pas purement théorique. On a essayé longtemps de faire rentrer le droit des Compagnies dans une catégorie de droits déjà connus; et d'abord, on a cru y voir une véritable propriété. C'est l'idée qui résulte des articles 11 et 20 de la loi du 15 juillet 1840, qui autorise l'État à faire un prêt à la Compagnie du chemin de fer de Strasbourg à Bâle, et à celle d'Andrezieux à Roanne; c'est aussi la pensée exprimée dans les articles 3 et 5 de la loi du 9 août 1847 à propos d'un prêt analogue. En effet, ces articles portent que les Compagnies affecteront à la garantie du payement du capital et des intérêts le chemin de fer lui-même et toutes ses dépendances, et consentiront des inscriptions hypothécaires sur leurs chemins.

Peut-être était-ce un souvenir des conditions faites aux premiers concessionnaires; en tout cas, cette disposition soulevait une question intéressante au point de vue des droits que les Compagnies pouvaient céder, ou que leurs créanciers pouvaient prétendre exercer; de plus, au point de vue des droits que l'enregistrement perçoit à propos des actes translatifs de propriété, il en serait résulté que dans le cas où un chemin de fer passe des mains d'une Compagnie dans celles d'une autre, ces droits devaient être calculés sur le tarif des droits immobiliers au lieu d'être calculés simplement sur le tarif des droits mobiliers.

Nous ne pouvons que rappeler les tentatives faites en 1850 pour introduire une disposition sur les chemins de fer dans le projet de loi relatif à une réforme du régime hypothécaire. Ces tentatives n'eurent pas de suite, et un jugement du tribunal de la Seine de 1850, puis un arrêt de la Cour de cassation, en 1861 (1), rétablirent les vrais principes. On reconnaissait que le droit de concession était un droit *sui generis*, qui ne pouvait être assimilé « ni à l'usufruit, ni à l'emphytéose, ni à tout autre droit analogue emportant un démembrement de la propriété publique contraire aux principes qui en assurent la conservation et l'intégrité ». Le droit des Compagnies, qu'il s'agisse d'un chemin de fer construit par l'État ou d'un chemin construit par la Compagnie concessionnaire, se trouve « limité aux produits du chemin de fer, distincts de la propriété de ce chemin immédiatement acquise à l'État, et ne participe en rien de la nature immobilière de cette propriété ».

Il s'ensuit qu'aucune hypothèque ne peut être valablement assise sur le droit de concession, et que le droit des créanciers de la Compagnie ne les autorise pas à pratiquer une saisie immobilière (2). Il s'ensuit de plus que les concessionnaires ne sont pas assujettis à la taxe des biens de main-morte pour le sol et les bâtiments du chemin de fer (3).

Une autre question qui a surgi quelque temps après a failli également servir à dénaturer le droit des Compagnies, mais dans un autre sens. On leur contestait la faculté d'intenter les actions possessoires. On reconnaissait, conformément à la doctrine précédente, qu'elles n'étaient pas propriétaires, mais on tirait parti de cette doctrine pour soutenir qu'elles n'avaient

---

(1) 15 mai 1861 ; — Dalloz, 1861, 1, 225 ; — 5 novembre 1867 ; — D., 1868, 1, 117.

(2) Jugement du tribunal de la Seine, 27 juillet 1850, chemin de fer de Sceaux.

(3) Cf. Aucoc, *Conférences de droit administratif*, 2e édition, t. III, § 1319, et les arrêts qu'il cite.

que les droits d'un preneur à bail, et qu'en conséquence elles ne pouvaient, comme le preneur à bail, que se mettre sous la protection de l'État, véritable propriétaire du chemin.

Les conséquences de cette doctrine étaient fort graves, car les Compagnies ne pouvant que rarement agir au pétitoire, se seraient trouvées sans défense directe contre les entreprises qui se seraient produites; elles auraient été obligées de recourir à des circuits d'actions, et mises véritablement dans l'impossibilité de veiller à la conservation de la partie du domaine public qui lui avait été confiée (1). Heureusement les arguments qu'on leur opposait n'était pas sans réplique. On peut répondre que si l'action possessoire est refusée au preneur à bail (2), il ne s'ensuit point qu'elle soit toujours et uniquement réservée au propriétaire. C'est ainsi que les articles 1428 et 1549 du Code civil donnent au mari, simple administrateur (3) des biens propres ou dotaux de la femme, le droit d'exercer les actions possessoires qui en peuvent dépendre.

Aussi la Cour de cassation a-t-elle décidément reconnu aux Compagnies le droit d'exercer les actions possessoires, tant pour sauvegarder leur jouissance que pour remplir l'obligation qui leur incombe de conserver le chemin concédé (4).

§ 9. **Autres questions.** —Après avoir ainsi déterminé la

---

(1) Esquirou de Parieu, *Des actions possessoires*. « Les actions possessoires sont souvent la garantie la plus efficace du droit de propriété. Elles servent à défendre une présomption légale légitime, et ont l'avantage de porter le débat devant le tribunal le plus rapproché de la situation (art. 3, C. de procédure). Elles doivent donc être défendues contre les attaques dont elles sont l'objet. »

M. Bérenger les avait attaquées dans son « Rapport sur la statistique de la justice civile, » lu à l'Académie des sciences morales et politiques, t. I, p. 479.

(2) Art. 23, Code de procédure civile, combiné avec l'art. 2236 du Code civil. — MM. Demante et Colmet de Santerre, *Cours de Code civil*, t. VII, p. 296 et suiv. — Boitard et Colmet Daage, *Proc. civ.*, 10e édit., t. I, § 631.

(3) M. Duverger *à son cours*.

(4) Aucoc, *Conférences sur le droit administratif*, t. III, 2e édit., § 1444, p. 619.

condition principale des objets qui rentrent dans le domaine public, il nous reste à dire quelques mots d'une question controversée à propos de deux d'entre eux. Les petites rivières font-elles partie du domaine public? doit-on également y comprendre les édifices affectés à un service public?

1° *Les petites rivières font-elles partie du domaine public?* — On sait que la question de la propriété des petits cours d'eau a donné lieu à de longues et célèbres discussions. Parmi les différents systèmes qui ont été présentés, l'un d'eux qui se recommande des noms de Proudhon, de M. Rives, de Royer-Collard, de M. Laferrière attribue à l'État la propriété de ces cours d'eau. « Sans doute, dit Proudhon, les petites rivières sont dans le domaine privé quant à la jouissance des avantages qu'on peut en tirer, attendu que la loi en a fait généralement abandon aux propriétaires riverains. Mais de cette concession de jouissance, est-il permis de conclure qu'on doit regarder les riverains comme investis du droit de propriété foncière du lit et du corps de la rivière, tandis que la loi ne le dit pas, ou ne doit-on pas plutôt dire que la nue-propriété et le tréfonds soit du sol ou du lit, soit du corps de la rivière, restent dans le domaine public, et que les propriétaires riverains n'ont autre chose à y exercer qu'un droit d'usufruit perpétuel? »

Cette théorie assez séduisante est généralement abandonnée aujourd'hui, et l'on se contente de penser que le cours et le lit des petits cours d'eau sont des choses communes. D'une part, les riverains n'en ont pas la propriété, car plusieurs articles, surtout les articles 563 et 644 sont incompatibles avec cette hypothèse, bien que par un esprit d'équité la loi ait attribué aux riverains certains avantages et certaines charges qui se compensent ; d'autre part, il est vrai de dire que l'État n'y possède pas un vrai droit de propriété puisqu'il ne retient ni la propriété des îles, ni celle du lit abandonné (1). Il en résulte donc qu'en cas d'expropriation de la rivière par l'État, il faudra tenir compte aux riverains de tous les avantages qui

____

(1) Arrêt Cass., 10 janvier 1846. — Dalloz, 46, 1, 177.

leur sont enlevés, de toutes les servitudes qu'on leur impose; mais que la valeur du lit de la rivière ne saurait être comprise dans l'indemnité (1).

Nous devons ajouter qu'un projet de loi *sur le régime des Eaux* présenté au Sénat dans la séance du 24 janvier 1880 propose une théorie nouvelle au sujet du lit des rivières. L'article 8 en attribue la propriété aux riverains et revient ainsi au droit romain, dont l'article 563 du Code civil avait voulu tempérer la rigueur. Toutefois la suite de l'article 8 et l'article 7 retirent à ces mêmes riverains la libre disposition des droits utiles qui dérivent de la propriété. La seule modification importante apportée au droit actuel, est celle qui, regardera l'État obligé, en cas d'expropriation, de payer une indemnité spéciale pour le lit de la rivière.

Les innovations du projet ne nous paraissent donc ni considérables ni fort utiles.

2° *Les édifices affectés à un service public sont-ils publics?* — Une controverse plus délicate encore s'est élevée à propos des édifices publics appartenant à l'État, au département ou à la commune, tels que les hôtels des ministères, les préfectures ou sous-préfectures et les mairies. Faisaient-ils partie du domaine privé ou du domaine public? Étaient-ils ou non aliénables et prescriptibles? — Certaines lois ont édicté des dispositions spéciales relativement à certains édifices. C'est ainsi que l'article 540 du Code civil comprend dans le domaine public « les portes, murs, fossés, remparts des places de guerre et des forteresses »; c'est ainsi également que l'article 12 du Concordat de 1801 établit une situation privilégiée en faveur des « églises métropolitaines, cathédrales, paroissiales et autres non aliénées, nécessaires au culte », dont le nombre et la désignation se trouvent implicitement mentionnés dans l'article 75 de la convention du 26 messidor an IX.

---

(1) Arrêt Cass., 10 mai 1846. Cet arrêt, combattu par M. Championnière (*Revue de législation*, avril 1847), a été défendu par M. Cotelle. (*Annales des ponts et chaussées*, juillet et août 1847).

La première classe de biens se trouve expressément comprise dans le domaine public, la seconde, sans avoir reçu la même qualification, jouit en réalité des mêmes privilèges. Mais ces deux lois constituent des dispositions exceptionnelles qui ne sauraient être juridiquement étendues à d'autres édifices que ceux auxquels elles s'appliquent.

On en a douté cependant, et l'on a prétendu que ces édifices devaient rentrer dans le domaine public soit à cause du caractère monumental qu'ils affectent, soit à cause du service public auquel ils sont destinés.

Nous croyons que ces arguments ne s'appuient que sur une définition mal faite, ou sur un abus de mots. —Quelle est la valeur de cette expression : « caractère monumental » d'un édifice? De quelle précision est-elle susceptible ? — Les définitions légales ne peuvent pas reposer sur des questions de goût.

D'autre part, faut-il admettre que le service public auquel certains édifices sont affectés doive les faire ranger dans la classe des biens du domaine public? Mais les précautions que certaines lois ont prises pour assurer leur conservation ou régler la manière dont l'administration en dispose ne touchent pas à leur caractère domanial. Sans doute les lois du 30 ventôse an XI, des 15 et 16 floréal an X exigent l'intervention et l'autorisation du pouvoir législatif pour l'aliénation de ces biens. Plus tard l'article 4 de la loi du 15 mai 1850 (abrogée par le décret du 24 mars 1852) exige une loi pour l'affectation d'un immeuble à un service public, mais il n'en résulte nullement qu'au moyen de ces dispositions le législateur ait eu le dessein ou le pouvoir d'en changer la nature. Au contraire le décret du 24 mars 1852 s'exprime de la façon la plus correcte : « Considérant que les nécessités du service sont souvent urgentes, et que l'affectation d'un immeuble à un service public n'altère en rien son caractère domanial, etc... »

C'est l'énonciation même du principe que nous défendons. Toutes ces lois n'ont jamais été destinées à modifier complètement le régime domanial des édifices publics. Nous expliquerons de même la discussion qui a eu lieu à propos de la loi du

1ᵉʳ juin 1864. Il s'agissait de voter une loi qui établissait qu'aucune aliénation de domaine d'un chiffre supérieur à un million ne pourrait être faite sans l'autorisation législative. Le rapporteur de la commission, M. de Voize, crut utile à ce sujet d'entrer dans quelques détails sur la composition du domaine public ; et on lit dans son rapport que « le domaine public... se compose des immeubles qui servent à l'usage public, tels que les fleuves, les rivières, les routes, les hôtels affectés aux ministères, les fortifications... il comprend également nos monuments que tout le monde admire et qui contribuent à la grandeur et à la gloire du pays... Aucun doute ne peut s'élever en ce qui concerne ces biens... » Les Chambres n'eurent pas à discuter la théorie contenue dans ces lignes ; malgré quelques paroles incidentes, l'opinion du rapporteur sur ce point ne fut pas soumise au vote de l'Assemblée. Elle ne peut donc fournir aucun argument légitime.

Pour soumettre la question dont il s'agit à un véritable critérium, nous ne nous attacherons pas à l'opinion soutenue par M. Gaudry (1) que le signe distinctif de la domanialité d'un édifice est la perpétuité et la généralité de sa destination. Nous ne voyons pas dans ces caractères une force et une clarté suffisantes pour être partout et toujours applicables.

Il nous semble bien plus naturel de nous reporter aux caractères que nous avons déjà reconnus aux biens du domaine public, et d'examiner si les immeubles affectés au service public répondent à cette définition.

Les trois caractères indispensables pour qu'un bien fasse partie du domaine public grâce à la seule force de l'article 538 sont, avons-nous dit, qu'il soit non susceptible de propriété privée par sa nature — affecté à la jouissance directe et libre du public — et qu'il fasse partie du territoire français.

---

(1) Gaudry, *Du domaine.* Les opinions diverses qui ont été soutenues par plusieurs auteurs se trouvent rapportées avec une grande abondance de recherches dans l'ouvrage de M. Ducrocq, *Traité des édifices publics,* ch. II, § 18 et suiv.

Quand on examine si ces principes se rapportent à la nature
des édifices affectés à un service public, il semble impossible de
dire que ces derniers présentent les caractères décrits par
l'article 538.

En premier lieu, n'est-il pas évident que leur nature ne les
soustrait à l'appropriation privée, ni comme sol, ni comme
édifices? Seule une disposition légale peut les faire sortir du
droit commun ; or cette disposition, on ne nous la montre nulle
part. Il faut donc en conclure qu'à défaut d'un texte spécial
le droit commun seul leur demeure applicable.

En second lieu leur affectation à un service public ne saurait
constituer cet usage public qui est indispensable pour constituer la publicité de l'article 538. L'affectation de ces édifices est
un mode de jouissance des biens privés de l'État, elle ne constitue pas un véritable changement dans leur nature et dans
leur destination. Enfin, l'expression même : « partie du territoire français » nous semble indiquer la nature de services que
la société est en droit d'attendre des biens naturellement publics.
Ce sont des services où le sol lui-même joue le principal rôle,
libre accès, circulation, droit d'usage. Or dans un édifice, le
sol lui-même ne présente qu'un intérêt secondaire. C'est la
nature de la construction qui importe. A ce point de vue encore,
nous croyons devoir maintenir notre opinion. Toutefois il convient de préciser encore pour éviter toute exagération. Nous
ne prétendons pas qu'aucun édifice ne puisse faire partie du
domaine public, et recevoir les qualités d'inaliénabilité et d'imprescriptibilité qui en sont la marque distinctive ; nous soutenons
seulement que la nature des services qu'ils rendent lorsqu'ils
sont affectés à un service public ne nous paraît pas capable de
leur imprimer le caractère de domanialité. Ce caractère ne
nous semble pouvoir résulter que de la disposition de la loi ;
mais aussi nous reconnaissons parfaitement à la loi le droit de
créer des immeubles publics par destination.

La question a été rarement portée devant les tribunaux. Il
existe cependant en faveur de notre opinion un arrêt intéressant de la Cour de Paris, 18 février 1854 : « Considérant que

la disposition de l'article 661 du Code Napoléon est générale et que son application ne peut être écartée que dans le cas où les murs dont un voisin veut acquérir la mitoyenneté font partie d'édifices placés *par leur nature même* hors du commerce...... qu'un hôtel de préfecture ne rentre pas dans la catégorie des édifices publics placés hors du commerce, et que par conséquent le voisin peut acquérir la mitoyenneté d'un mur servant d'enceinte à un hôtel de cette nature. »

L'arrêt insiste à deux reprises d'une façon remarquable sur les mots : « par leur nature », et semble bien indiquer ainsi que c'est là qu'il faut chercher la clef de la question.

Ajoutons, avant de terminer, que ces édifices ne seront cependant pas privés d'une protection nécessaire, car les atteintes dont ils auraient à souffrir sont réprimées par les dispositions de l'article 257 du Code pénal.

3° *Meubles renfermés dans les édifices publics.* — Une dernière question s'élève à propos des objets mobiliers renfermés dans des édifices publics, tableaux, gravures, manuscrits, collections d'un prix souvent inestimable et pour l'usage desquelles ces édifices ont été aménagés ou construits. On s'est donc demandé si ces objets devenus immeubles par destination participaien au caractère de publicité et devenaient ainsi inaliénables et imprescriptibles.

L'article 524 nous dit que tous les effets mobiliers que le propriétaire a attachés au fonds à perpétuelle demeure sont immeubles par destination. On ne saurait sans doute appliquer cet article aux objets qui sont simplement destinés au service ou à l'ornementation de l'édifice, et comme tels mobiliers et prescriptibles (1598-2279).

Mais si les objets mobiliers font en quelque sorte corps avec le bâtiment qui a été créé ou disposé pour les recevoir, si par conséquent l'édifice n'est plus en quelque sorte que l'accessoire des meubles qu'il renferme il faut dire que ceux-ci appartiennent au domaine public encore mieux que l'édifice lui-même. Ils sont la cause pour laquelle l'édifice a été compris dans le domaine public, il est bien juste qu'ils participent à cette pu-

blicité qu'ils ont fait naître, et qu'ils soient inaliénables et imprescriptibles, comme le monument où ils sont déposés.

Telle est la décision qui a été plus d'une fois appliquée par
la jurisprudence à propos de tableaux, de gravures, de manuscrits, ou de livres soustraits dans les musées ou bibliothèques
publiques. A quelque époque que l'objet soit retrouvé, quelle
que soit l'origine de la possession du détenteur actuel, la revendication de l'État doit être accueillie, et l'objet restitué à la collection dont il faisait autrefois partie (1).

CHAPITRE III

AUTORITÉS CHARGÉES DE LA CONSERVATION
DU DOMAINE PUBLIC
ADMINISTRATION ET JURIDICTION ADMINISTRATIVE

§1. Administration. — Les réformes de 1789 laissèrent
le domaine public sous la protection de l'administration. Elles
introduisaient seulement quelques modifications dans la distribution des pouvoirs.

L'autorité centrale était remise au roi par la loi du 22 décembre 1789, section III, article 2 : « Le roi, comme chef
suprême de la nation et de l'administration générale, ordonne
l'ouverture des routes et canaux de navigation, leur changement et leur suppression. » Ainsi, on n'avait voulu donner au
roi que la direction générale des affaires du pays, et les choses
d'entretien et d'administration courante lui échappaient. C'était

______

(1) Ces objets réunissent en effet les deux conditions nécessaires pour être
réputés immeubles par destination : 1° ils sont placés sur le fonds par le propriétaire du fonds ; 2° ils sont placés sur le fonds pour y être attachés à perpétuelle demeure. — Demolombe, *Code civ.*, IX, § 202 — 217.

une grave méprise, car s'il est utile d'instituer des pouvoirs locaux capables de veiller à l'expédition des affaires ordinaires, il faut toujours réserver le droit de contrôle et l'action légitime du pouvoir supérieur.

Au-dessous du roi se trouvaient les ministres et les administrations locales, malheureusement trop indépendantes. On avait supprimé la multiplicité des fonctionnaires, qui encombraient l'ancienne monarchie et dont la compétence n'était déterminée ni dans son objet ni dans ses limites. La France était divisée en circonscriptions territoriales, présidées chacune par des administrations particulières.

La même loi du 22 décembre 1789 déterminait leur organisation.

Les administrations départementales se composaient d'une assemblée de trente-six membres élus, qui choisissait elle-même un directoire; à côté d'elle était placé un procureur général syndic. Ces assemblées étaient « chargées, sous l'auto-
» rité et l'inspection du roi, comme chef suprême de la nation
» et de l'administration du royaume, de toutes les parties de
» cette administration, notamment de celles qui sont relatives...
» 5° à la conservation des propriétés publiques; 6° à celle des
» forêts (1), rivières et autres choses communes; 7° à la direc-
» tion et confection des travaux pour la confection des routes,
» canaux et autres ouvrages publics autorisés, dans le dépar-
» tement ».

Leur compétence fut encore accrue par la loi du 12-20 août 1790, chapitre VI, qui donne mission aux administrations de département « de diriger... toutes les eaux de leur territoire vers un but d'utilité générale ». La hauteur des eaux

---

(1) Le législateur de 1789 voulait rendre inaliénables et imprescriptibles les grandes masses de forêts qui sont d'un si grand intérêt pour l'économie du pays; et quelle que fût l'opinion que l'on pût avoir sur leur caractère de publicité, ce régime prévalut jusqu'en 1817. — La loi du 25 mars 1817, en les affectant au service de la Caisse d'amortissement, les a fait rentrer dans le domaine privé de l'État. — Ducrocq, *Ventes domaniales*, § 14 et 15. — Arr. cons. d'État, 2 mai 1873, Barliac.

de dérivation devait être fixée par les directoires de département, après avis du directoire de district (loi des 28 septembre, 6 octobre 1791, titre II, art. 16).

Quand les institutions autocratiques du Consulat, puis de l'Empire, se substituèrent au régime politique issu de 1789, les formes de l'organisation administrative changèrent. L'unité qui régnait à la tête du gouvernement fut reproduite dans les départements, et un préfet unique succéda aux nombreux membres des directoires. Du reste, l'ancienne répartition des services administratifs subsista toujours.

Sous les ordres du chef de l'État se trouvaient les divers ministères, entre lesquels la loi du 13 fructidor an XIII fit la répartition des pouvoirs. A côté du ministère des travaux publics était le corps, déjà ancien, des ingénieurs des ponts et chaussées, « chargés de l'examen de tous les projets généraux de route... et des ouvrages d'art, de canaux, etc... » (Loi du 31 décembre 1790, 19 janvier 1791, art. 4. — Loi du 6 août 1791, art. 1. — Loi du 9 ventôse an XIII, etc.)

Les administrations départementales étaient rattachées au ministère de l'intérieur par une étroite dépendance, et leur organisation était déterminée par la loi des 4 — 28 pluviôse an VIII. Le préfet était « seul chargé de l'administration ». En principe, il décidait personnellement. Il héritait des attributions données aux administrations de département par la loi de 1790, et notamment de tout ce qui regarde la conservation du domaine public. Le décret du 21 février 1852 est venu fixer les droits respectifs de l'autorité supérieure et des préfets en ce qui concerne la délimitation des rivages de la mer. Nous verrons plus tard les difficultés qui se sont élevées à ce sujet.

Depuis cette époque, différentes lois sont venues augmenter les pouvoirs des préfets, et les charger particulièrement de ce qui se rapporte au plan d'alignement dans les villes, aux travaux de voirie, à l'autorisation de concessions sur les cours d'eau navigables ou flottables, au régime des cours d'eau non navigables, etc.... (Décrets du 25 mars 1852 — 13 avril 1861 — 1er et 13 août 1864.)

A côté des préfets, la loi du 22 juin 1833 rendit électifs les conseils généraux qui devaient donner leur avis dans diverses questions intéressant le département. Les lois du 10 mai 1838, du 18 juillet 1866, et surtout celle du 10 août 1871 qui abroge et remplace toutes les lois précédentes ont donné à ces conseils un pouvoir de décision propre. La loi du 16 septembre 1879 a modifié sur quelques points la loi de 1871.

§ 2. **Juridiction administrative**. — Près de l'administration active se trouvent les tribunaux administratifs.

L'histoire nous montre combien les gouvernements divers ont été portés à réunir les pouvoirs de justice et d'administration dans la même main. Nous avons vu qu'à Rome, le magistrat chargé de l'administration recevait en général le droit de juger les questions litigieuses qui touchaient à l'exercice de ses fonctions. Nous avons vu que dans l'ancien droit les rois n'avaient point séparé leur droit de justice de leur droit d'administration, et se servaient souvent des mêmes organes pour exercer l'un et l'autre (conseil d'État et intendants).

Les lois de la Révolution arrachèrent la justice civile au pouvoir administratif; elles n'osèrent point lui enlever la justice administrative. Depuis cette époque, la légitimité de ce droit a été plus d'une fois mise en question; plus d'une fois les Chambres ont été saisies de propositions qui demandaient le retour pur et simple au droit commun (1); ces propositions n'ont jamais été converties en lois. La justice administrative a été maintenue, et il est probable que si les épreuves auxquelles elle sera soumise encore peuvent amener quelques réformes utiles, elles n'aboutiront jamais à la supprimer complètement. Il est facile de remarquer en effet que sur la question de la justice administrative, il n'y a que trois partis à prendre : ou bien attribuer la juridiction aux tribunaux ordinaires, ou laisser l'administration

____

(1) Discussion de la loi du 19 juillet 1845; — de la loi du 9 mars 1849; — de la loi du 26 mai 1865; — de la loi du 14 juin 1872. — Cf. Ducrocq, *Droit administratif*, 6ᵉ édition, § 259 et 290.

juge elle-même de ses actes, ou créer des tribunaux
spéciaux (1). — La première solution parut incompatible avec
une prompte exécution des affaires, et la nécessité d'avoir une
justice peu coûteuse : proposée à la séance du 30 mars 1790
par Charles Chabroud, député du Dauphiné, dans un remarquable discours, elle ne fut pas admise. — La seconde solution
peut aboutir à un despotisme intolérable. C'est elle qui avait
prévalu sous l'ancienne monarchie, et qui avait comporté tant
d'arbitraire. Elle disparut avec les décrets du 22 décembre
1789, les lois de 1790 et de 1791. — La troisième solution
est celle qui est adoptée actuellement.

Les lois révolutionnaires remirent le contentieux à l'administration. « Vous avez, disait le député Pezons, sagement
établi dans chaque département un directoire composé de huit
membres, et dans chaque district un directoire de quatre membres. Ces directoires, composés d'hommes choisis par le peuple,
doivent conduire toutes les affaires de l'administration. Pourquoi ne videraient-ils pas les questions contentieuses qui en
dépendent? Auront-ils moins de lumières que les anciennes
assemblées d'états, ou leurs commissions, que les intendants,
que les Cours des aides. Le comité veut que les affaires soient
jugées sans frais et sur simples mémoires. Les administrateurs
sont sans doute plus propres que les juges à vider ces différends
avec ce dégagement de tout appareil de chicane. »

A cette époque l'élection par les citoyens des administrateurs-
juges, et le peu d'action du pouvoir central, aboutissaient à
tourner toutes les garanties du côté des citoyens, et n'en lais-
saient que de fort insuffisantes au pouvoir exécutif. — Il n'en
fut pas de même plus tard. La loi du 28 pluviôse an VIII con-
serva la justice administrative, mais retourna les garanties en
faveur du pouvoir.

Les tribunaux administratifs de chaque département étaient
appelés désormais des conseils de préfecture. Placés à côté du

____

(1) R. Dareste, *De la justice administrative de la France*, p. 162.

préfet, ils se composaient de membres nommés par le chef du gouvernement (art. 18).

L'article 4 déterminait leurs fonctions, et leur conférait en général les attributions contentieuses que la loi du 7 septembre 1790 avait données aux corps administratifs. En effet la compétence des conseils de préfecture n'est qu'une compétence d'attribution.

Au-dessus d'eux était créé le conseil d'État, qui reçut de bonne heure des attributions contentieuses, le droit d'appel, et dont l'organisation judiciaire fut déterminée par les deux décrets du 11 juin et du 22 juillet 1806. Les conseillers étaient nommés par le gouvernement et révocables à sa volonté. Cette organisation, excellente quand il s'agit de simples conseillers, parut défectueuse quand on envisagea plus spécialement leur rôle de juges. La loi de 1845 sur le conseil d'État chercha à augmenter les garanties des justiciables en conférant une quasi inamovibilité aux conseillers d'État, et aux maîtres des requêtes en service ordinaire. Ils ne pouvaient être révoqués que sur une ordonnance individuelle, délibérée en conseil des ministres et contresignée par le garde des sceaux.

En 1848 on voulut remplacer l'inamovibilité par l'inviolabilité, et l'on fit élire les conseillers par l'Assemblée. — Supprimée par la constitution de 1852, rétablie par la loi du 24 mai 1872, cette disposition était définitivement changée par la loi constitutionnelle du 25 février 1875, qui rendait la nomination des conseillers d'État au chef de l'État (art. 4). Depuis cette époque la loi du 13 juillet 1879 a introduit encore quelques nouveaux changements dans la composition du conseil.

§ 3. **Tribunal des conflits**. — Il est vrai qu'on avait rétabli à côté du conseil d'État une institution excellente, le tribunal des conflits.

Déjà les lois de la Révolution s'étaient occupées de constituer l'indépendance des tribunaux administratifs vis-à-vis des tribunaux judiciaires (loi du 16 août 1790, titre II, art. 23 ; loi du 16 fructidor an III) et le moyen qui avait paru le meilleur pour l'assurer efficacement, avait été le renvoi du conflit à la décision royale. On considérait que la décision à intervenir était un acte de gouvernement (loi des 7-14 octobre 1790, art. 3). « Les réclamations d'incompétence ne sont en aucun cas du ressort des tribunaux, elles seront portées au roi, chef de l'administration générale, et dans le cas où l'on prétendrait que les ministres de Sa Majesté auraient fait rendre une décision contraire aux lois, les plaintes seront adressées au Corps législatif. » La constitution de l'an III conféra le même droit au Directoire avec faculté d'en référer au Corps législatif. — Enfin, sous le Consulat, un article d'un règlement intérieur attribua au conseil d'État le droit de prononcer en matière de conflit (5 novembre an VIII) : le mode d'évocation ne fut fixé que par la loi du 13 brumaire an X, qui remit aux préfets le pouvoir d'élever les conflits.

D'assez graves abus amenèrent l'ordonnance du 1er juin 1828 qui du moins énuméra les cas où les préfets devaient élever le conflit, et le règlement du 12 mars 1831 qui fixa la procédure à suivre en matière contentieuse et en matière de conflit.

La constitution du 4 novembre 1848 créa le tribunal des conflits par les articles 89 et 90. « Les conflits d'attribution entre l'autorité administrative et judiciaire seront réglés par un tribunal spécial de membres de la Cour de cassation et de conseillers d'État, désignés tous les trois ans en nombre égal par leurs corps respectifs. Ce tribunal sera présidé par le ministre de la justice » (art. 89). — Cette institution était admirablement pondérée; les membres de la Cour de cassation inamovibles, les membres du conseil d'État choisis par leurs collègues dans un corps élu par l'Assemblée, offraient toutes les garanties d'indépendance désirables, et la présidence du ministre donnait la certitude que tous les arguments du pouvoir exécutif seraient produits et entendus.

La loi du 24 mai 1872 reconstitua le tribunal des conflits d'après les mêmes principes qui avaient dirigé les rédacteurs de la constitution de 1848. Malheureusement la loi constitutionnelle du 25 février 1875, en rendant l'élection des conseillers au pouvoir exécutif, a dérangé l'équilibre que la loi de 1872 avait respecté. Il n'est pas possible, en effet, de ne pas remarquer que les trois représentants des corps judiciaires ne composent plus maintenant qu'une minorité en face des quatre représentants du gouvernement. On peut craindre que la balance ne soit pas également partagée entre les représentants des divers intérêts, et que l'autorité légitime qui doit s'attacher aux jugements du tribunal des conflits ne s'en trouve diminuée.

CHAPITRE IV

DE L'EFFET DE LA LOI ET DES ACTES ADMINISTRATIFS SUR LA COMPOSITION DU DOMAINE PUBLIC

Les biens qui composent le domaine public peuvent être créés ou reconnus.

Dans le premier cas on a recours à une loi.

Dans le second cas à un décret de délimitation.

§ 1. De la loi. — La loi se fait généralement par le concours de deux autorités, l'une chargée de faire les études, de proposer les devis et de tracer les plans, l'autre chargée d'examiner l'utilité du projet et de lui donner l'existence légale.

Les droits de l'autorité législative ont été ainsi définis par l'article 1er de la loi du 27 juillet 1870 : « Tous grands travaux publics, routes impériales, canaux (1), chemins de fer, cana-

---

(1) Aucune disposition législative n'a compris les canaux au nombre des biens qui font nécessairement partie du domaine public communal, et ne fait obstacle à ce qu'ils fassent partie du domaine public national (arr. conseil d'État, 21 juillet 1870).

lisation des rivières, bassins et docks entrepris par l'État ou par Compagnies particulières, avec ou sans péage, avec ou sans subside du Trésor, avec ou sans aliénation du domaine public, ne pourront être autorisés que par une loi rendue après une enquête administrative.... » Un paragraphe suivant faisait réserve au profit du pouvoir exécutif du droit d'autoriser les canaux et chemins de fer d'embranchement d'une longueur moindre de 20 kilomètres. La loi de 1870 ajoutait, du reste, « qu'il n'était rien innové quant à présent, en ce qui touche l'autorisation et la déclaration d'utilité publique des travaux publics à la charge des départements et des communes ».

L'autorisation législative est encore exigée pour la construction de chemins de fer d'intérêt local (loi du 11 juin 1880, art. 2) soit qu'ils émanent de l'initiative des conseils généraux du département, ou qu'ils soient proposés simplement par le conseil municipal d'une commune. Il y a dans les dispositions de la loi une part égale faite à l'expression de l'intérêt local, et à la puissance régulatrice des Corps législatifs.

Nous rapprocherons également de ces dispositions la loi du 10 juillet 1851, relative au classement des places de guerre et aux servitudes militaires : « Nulle construction de nouvelles places de guerre ou de nouvelles enceintes fortifiées, et nulle suppression ou démolition de celles qui existent ne pourront être ordonnées qu'après l'avis d'une commission de défense ou en vertu d'une loi. » Le principe de cette loi a été appliqué récemment au sujet de nombreux travaux de défense (loi du 27 mars 1874 relative aux nouveaux forts à construire autour de Paris; loi du 17 juillet 1874 relative à l'amélioration des frontières de l'Est avec l'avis de la commission de défense, etc.).

Enfin, comme nous l'avons vu, c'est une loi qui a classé dans le domaine public ou du moins doté des caractères propres à la domanialité publique, les églises cathédrales ou métropolitaines, paroissiales et vicariales.

Nous mentionnons par analogie le droit de décision qui a été attribué à d'autres conseils, en des matières qui intéressent

moins l'intérêt public de l'État que l'intérêt régional des populations. Ce fut la loi du 21 mai 1836 qui confia aux conseils généraux, le droit de déclarer, sur la proposition du préfet, que
certains chemins vicinaux seraient compris parmi les chemins
de grande communication (art. 1) et pourraient à ce titre
recevoir des subventions sur les fonds départementaux. La loi
du 18 juillet 1866, puis celle du 10 août 1871 sur les conseils
généraux ont largement étendu leur pouvoir. Ce sont eux qui
statuent définitivement sur le classement et la direction des
routes départementales, et sur les projets d'exécution ; ils statuent aussi sur le classement et la direction des chemins vicinaux de grande communication et d'intérêt commun, sur la
désignation des communes qui doivent contribuer à la construction et à l'entretien de ces chemins, etc... (art. 46, n° 6 et
n° 7). C'est au contraire à la commission départementale qu'appartient suivant cette même loi de 1871 (art. 86) le droit de prononcer, sur l'avis des conseils municipaux, la déclaration de
vicinalité, le classement, l'ouverture et le redressement des
chemins vicinaux ordinaires.

Différentes subventions destinées à favoriser la création des
routes vicinales ont été successivement votées dans les lois du
11 juillet 1868 (interprétée par l'instruction du 11 août suivant),
du 25 juillet 1873, du 15 août 1876, et du 10 avril 1879. Le
principe de ces lois consiste à fournir aux départements et
surtout aux communes les moyens d'achever leur réseau de
chemins vicinaux (déterminé à la suite d'un décret du 17 août),
soit au moyen de libéralités fournies par l'État, soit au moyen
d'emprunts réalisés à la caisse des chemins vicinaux. Dans le
premier cas la répartition, faite d'abord de l'État aux départements par un décret délibéré en conseil d'État, est faite ensuite
des départements aux communes par le conseil général. Dans
le second cas, les communes, ou les départements à leur place,
doivent se faire autoriser par les conseils généraux à contracter
un emprunt ; et la délibération du conseil général ne devient définitive qu'après avoir été approuvée par le ministre de l'intérieur
dans certaines conditions (art. 3, loi du 10 avril 1879).

Tel est le rôle des conseils généraux dans la création des routes départementales et vicinales.

Toutefois la loi du 11 juin 1880, relative aux chemins de fer d'intérêt local et aux tramways, établit pour la constitution de ces derniers des règles qui s'écartent un peu des principes précédents (art. 27 et 29). Après une enquête dans laquelle les conseils généraux des départements et les conseils municipaux des communes dont la voie doit traverser le territoire, doivent être entendus, la concession est accordée par la personne civile dont le tramway emprunte la voie, c'est-à-dire par l'État, le département ou la commune. Mais « l'utilité publique n'est déclarée, et l'exécution n'est autorisée que par décret délibéré en conseil d'État, sur le rapport du ministre des travaux publics, après avis du ministre de l'intérieur ». On a considéré sans doute que les tramways étaient en quelque sorte un accessoire de la voie publique avec laquelle ils font corps. Il était dès lors naturel, tout en sollicitant l'avis des parties intéressées, de réserver à l'administration le droit de leur donner l'autorisation définitive (loi du 11 juin 1880).

Dans tous les cas divers que nous venons de passer en revue, on conçoit d'autant mieux l'intervention d'un corps électif et délibérant qu'il s'agit presque toujours à la fois d'une loi de finances qui engage les ressources de l'État, ou le mode de jouissance de ses revenus, et d'une loi d'expropriation. Le contrôle des Corps législatifs est une garantie de plus jointe à toutes celles que le législateur a recherchées.

§ 2. **Actes administratifs**. — Les actes administratifs qui concernent le domaine public peuvent être des décrets rendus en forme de règlement, et des arrêtés.

Les décrets offrent une garantie plus grande par la discussion et la nature des assemblées qui les préparent ; toutefois ce sont les mêmes principes légaux qui servent de base à ces deux modes de manifestations du pouvoir, décrets et arrêtés. Ils doivent aussi se proposer le même but et opérer le même effet. Ils ont pour but de constater ou de rétablir les limites véribles des biens que la nature a destinés à un usage public. Rigoureusement entendus, ils ne sauraient faire tort à la propriété privée, puisqu'ils ne font rentrer précisément dans le domaine public que les biens revêtus des signes naturels qui rendent cette propriété privée impossible. Nous avons en effet pour le rivage de la mer la définition de l'ordonnance de 1681 (l. IV, titre 7, art. 1er) : « Tout ce qu'elle couvre et découvre pendant les nouvelles et pleines lunes, et jusqu'où le plus grand flot de mars se peut étendre sur les grèves. » De même on reconnaît généralement que la limite naturelle du fleuve (*plenissimum flumen* du droit romain) est à la ligne tracée par les plus hautes eaux, ou encore s'étend jusqu'à la partie des rives que le fleuve peut atteindre sans déborder.

Si l'on se trouvait toujours en présence d'une situation simple et bien définie, les contestations se seraient rarement élevées, et l'on concevrait aisément que l'autorité administrative fût seule chargée de relever des traces toutes matérielles. En réalité, cela n'est pas, et la variété des circonstances fait naître des espèces assez délicates, où la nature des voies de recours applicables aux décisions du pouvoir exécutif prend une importance considérable.

———

CHAPITRE V

OBJETS DE LA DÉLIMITATION — DÉLIMITATION MARITIME — DÉCLARATION DE NAVIGABILITÉ DE DÉLIMITATION FLUVIALE

Il peut être utile de constater quelles sont les limites de la mer et, de tracer une ligne de séparation entre les terrains où la propriété civile peut s'étendre et ceux qui, ne pouvant être utilisés par elle, demeurent dans le patrimoine de la collectivité, dont l'État est le représentant. Il peut être utile aussi de constater la navigabilité des fleuves pour leur appliquer le régime qui leur convient; on détermine ensuite la limite de la propriëté privée et de la propriété publique. - Nous allons examiner successivement ces deux objets.

§ 1. Délimitation de la mer.— La délimitation de la mer est, comme nous l'avons vu, un acte du pouvoir administratif, qui procède par décrets rendus sous forme de règlements d'administration publique, quand il s'agit d'une mesure générale (décret du 21 février 1852, art. 2), ou par arrêtés de délimitation, quand il ne s'agit que d'une mesure particulière, désignée sous le nom de déclaration de domanialité (même décret, art. 3).

On conçoit d'abord la délimitation de la mer par rapport aux fleuves qui viennent s'y confondre. Cette première opération a un caractère particulièrement administratif et ne touche qu'assez accessoirement aux intérêts privés. Elle a pour but : 1° de déterminer la limite de l'inscription maritime, c'est-à-dire d'établir quelles sont les populations astreintes au service maritime et jouissant, à titre de compensation, du droit exclusif de pêche en mer ; 2° d'indiquer la limite de la pêche maritime, qui est, comme nous le voyons, un privilège ; 3° de fixer le droit de surveillance de la police maritime et de désigner les terrains qui sont susceptibles de faire partie de la défense des côtes ; 4° de dire à quel régime seront soumis les terrains découverts par les eaux. Il y a, en effet, une grande différence entre les relais de la mer, qui appartiennent à l'État (loi du 16 septembre 1807, art. 41), et les alluvions fluviales, qui en principe, appartiennent aux riverains (art. 556 et 557.

Le second genre de délimitation applicable à la mer consiste à séparer ses limites de celles des propriétés voisines. Ici l'intérêt privé se trouve directement en jeu. Il s'agit, en effet, de savoir quels sont les terrains compris sous le nom de rivages de la mer, inaliénables et imprescriptibles ; quels sont les terrains, au contraire, que la propriété privée peut acquérir sous le nom de lais ou relais (loi du 16 septembre 1807, art. 41); et enfin, depuis quelle époque ces terrains ont été délaissés par les eaux. Enfin, on rattache à ce sujet, les questions relatives au droit d'endiguage, à la récolte des varechs ou goëmons, etc... Ces questions soulèvent des difficultés assez délicates, dont nous avons dit quelques mots à propos des relais.

L'arrêté de délimitation, ou déclaration de domanialité, qui émane du préfet, se trouve soumis aux voies de recours administratives.

Pour opérer la délimitation de la mer, l'administration se conforme généralement aux indications naturelles, telles que la salure et la phosphorescence des eaux, l'existence des plantes marines sur les rochers, etc... Cependant on ne va point jusqu'à appliquer le nom de mer à toutes les eaux où l'action de la mer se fait sentir, ce qui ne répondrait plus à la vérité des faits. On doit s'attacher aux faits géologiques, qui constatent la prédominance de l'un ou de l'autre élément; et le conseil d'État n'a pas hésité à casser les arrêtés qui n'avaient pas tenu compte de ces caractères (1).

Toutefois, les particuliers ne peuvent se pourvoir contre l'arrêté de délimitation que du moment où celui-ci leur est devenu applicable. Tel est le principe que nous trouvons consacré dans un arrêt récent du conseil d'État (4 avril 1879, Labbé et Jouy).

« Un décret qui est rendu pour établir la ligne séparative de la mer et d'une rivière, sous réserve du droit des tiers, et qui ne délimite pas le rivage au droit des propriétés riveraines, n'est pas susceptible d'être attaqué pour excès de pouvoir. — Ce décret devra être complété par un second décret, ayant pour but de délimiter le rivage, et tant qu'il n'aura pas été

---

(1) Cotelle, *Droit administratif*, IV, p. 387 et suiv., donne de nombreux exemples des indications naturelles qui ont servi à guider les ingénieurs dans leur travail de délimitation.

procédé à cette opération, le premier décret ne saurait avoir d'effet par lui-même à l'égard des riverains, ni mettre obstacle à ce qu'ils fassent valoir les droits qu'ils prétendraient avoir soit à la pêche soit aux alluvions (1). »

§2. Décrets de navigabilité. — Délimitation fluviale. — Les droits de l'administration par rapport aux fleuves navigables ou flottables consistent : 1° à en déclarer la navigabilité, en vertu de sa puissance souveraine ; 2° à prendre des arrêtés de délimitation par l'organe des préfets.

1° Le décret du 22 janvier 1808 reconnaissait à l'administration le droit de déclarer navigable une rivière qui n'était pas encore réputée telle. La loi du 15 avril 1829 sur la pêche fluviale (art. 3) dispose que les fleuves et rivières sur lesquels la pêche sera exercée au profit de l'État seront déterminés par des ordonnances royales insérées au *Bulletin des lois*, et en exécution de ce texte, une ordonnance subséquente a fait par départements le tableau des rivières navigables. La loi du 31 mai 1865 dispose (art. 1er) que le même effet sera attribué à des décrets rendus en conseil d'État.

Quelques tentatives ont eu pour but de protester contre l'effet de ces attributions ; et des propriétaires ont prétendu retenir le droit de pêche sur des rivières que l'État rendait ou déclarait navigables. Le conseil d'État répondit, le 27 mai 1856 : « Le Code civil n'admet pas de distinction entre les rivières qui sont navigables de leur propre fonds, et celles qui le deviennent par le fait de l'homme ; autrement l'État ne deviendrait pas propriétaire des rivières qu'il rendrait navigables, ce qui préjudicierait à la navigation (2). »

En conséquence le droit de pêche était attribué exclusivement à l'État et aucune indemnité n'était accordée de ce chef aux propriétaires riverains.

(1 Dans le même sens, C. d'État, 4 août 1876, Courage du Parc.
(2) Dans le même sens, Cass., 29 juillet 1828, de Cornet.

2° Le second droit de l'administration, en ce qui touche la délimitation des fleuves et rivières navigables, consiste à prendre, par l'organe des préfets, des arrêtés de délimitation ayant pour objet de fixer la largeur des fleuves et rivières navigables, soit dans le présent, limites actuelles, soit même dans le passé, limites anciennes.

Ces arrêtés de délimitation qui doivent se borner à reconnaître un fait naturel, ne peuvent que reconnaître les véritables limites du lit des fleuves, lequel embrasse toute la surface couverte par les plus hautes eaux navigables avant tout débordement. Il est possible que par suite de changements survenus dans le cours du fleuve la propriété publique ainsi délimitée empiète sur les limites anciennes des fonds riverains. En ce cas aucune indemnité n'est due, le fleuve a tracé ses limites lui-même, et l'État ne fait que reconnaître un fait préexistant. Aussi n'est-ce pas le principe lui-même, mais l'application qui en était faite qui a donné lieu à de sérieuses difficultés. On s'est en effet demandé non si l'État avait le droit de faire la délimitation, mais si dans le cas en litige il faisait une juste application d'un droit incontestable; et la question s'est posée de savoir si le particulier, qui se croyait lésé dans son droit de propriété, pouvait négliger les voies de recours que lui offrait l'autorité administrative, et s'adresser directement aux tribunaux civils. C'est à propos de ces graves questions (qui se reproduisent identiquement pour les rivages de la mer) qu'ont été rendus les jugements du tribunal des conflits que nous aurons à examiner bientôt.

Ce n'est pas tout; les questions de délimitation ont encore une importance considérable en matière d'alluvions fluviales. — La règle générale exprimée dans les articles 556 et 557 du Code civil est que l'alluvion des rivières et des fleuves appartient au riverain dont elle touche immédiatement la propriété. Toutefois les atterrissements qui se forment dans un fleuve ou une rivière le long d'une grande route ou d'un chemin public, appartiennent à l'État ou à la commune, et non au propriétaire riverain dont les fonds se trouvent situés de l'autre côté du chemin (1). De même l'alluvion qui se forme dans un fleuve séparé des propriétés voisines par des travaux d'art, ne profite pas à ces propriétés (2); il faut de plus, pour avoir le droit de profiter des alluvions et d'y planter, que le riverain obtienne une délimitation de l'autorité administrative. Cette délimitation doit être faite dans un intérêt de police et de facilité pour la navigation : elle n'a pas un caractère financier comme la délimitation des rivages de la mer.

Il y a lieu de distinguer entre les alluvions qui se forment insensiblement le long des rives par la lente retraite des eaux, et celles qui sont l'effet de travaux d'art entrepris par l'État. En ce cas un avis du Conseil des ponts et chaussées du 2 février 1855 fait remarquer que ces accrues faisant originairement partie du lit, lequel est de sa nature inaliénable et imprescriptible, ne passent point dans la propriété du riverain comme les alluvions insensibles qui se forment sur les rives. — Il a même été jugé que dans ce cas les accroissements appartenaient complètement à l'État (3).

Il nous semble plus équitable d'appliquer ici le partage qu'a imaginé l'article 30 de la loi du 16 septembre 1807 entre les droits de l'État et du riverain, et qui consiste à faire payer aux riverains la moitié de la valeur des terrains acquis. Seulement comme quelques doutes subsistent sur la valeur de ce texte, il est bon qu'une loi de travaux publics le déclare spécialement applicable. C'est ce qu'on a fait à propos de travaux de canalisation de la Seine entre Villequier et Quillebœuf. Par suite de ces travaux, non seulement on avait obtenu des avantages maritimes très précieux ; mais encore des terrains fort riches et considérables avaient été mis à découvert. Le jugement qui intervint pour régler les questions de propriété soulevées à ce sujet s'exprimait ainsi : « Lorsque l'État, avant d'entreprendre des travaux de canalisation ou d'amélioration d'une rivière navigable, a fait opérer

(1) Cass., 12 décembre 1832 ; — *id.*, 15 février 1836.
(2) Cass., 17 juillet 1844.
(3) Cass., 8 décembre 1863.

la délimitation du lit de cette rivière, et a déclaré qu'il entendait réclamer des propriétaires riverains, conformément à l'article 30 de la loi de 1807 une portion de la plus-value qu'acquerraient ces propriétés, les atterrissements qui se forment ultérieurement le long desdites propriétés par l'effet des travaux, ne constituent pas des alluvions dont la propriété puisse être revendiquée par les riverains en vertu de l'article 556 du Code Napoléon. Ces atterrissements demeurent la propriété de l'État qui, par suite, a le droit de percevoir les produits qu'ils peuvent donner, et ils n'appartiennent aux riverains que lorsque l'État leur en aura fait abandon aux termes de la loi du 16 septembre 1807 (1). »

Les travaux entrepris par l'État peuvent être parfois moins favorables aux riverains que celui-ci ne l'a été. Il se peut en effet que la canalisation d'une rivière exhausse les eaux, et leur fasse recouvrir un terrain qu'elles n'occupaient pas auparavant; il se peut que le chemin de halage doive être empierré ou exhaussé, et qu'en ce cas l'exercice de la servitude produise une véritable expropriation; il se peut enfin que la hauteur des eaux diminue la pente et ramène leur cours jusque sous les roues de l'usine, qui perd ainsi une partie de sa force motrice. Il y a là un véritable cas d'expropriation qui permettra d'exiger une indemnité; car il ne peut plus être ici question de constater un fait naturel. C'est un acte librement accompli par l'État qui est la cause des effets dont on se plaint.

(1) Cass., 1868, héritiers de Condé; — D., 1868, 1, 195.

CHAPITRE VI

DÉLIMITATION ADMINISTRATIVE — AUTORITÉS CHARGÉES DE LA DÉLIMITATION RECOURS ADMINISTRATIFS

Quelles sont les autorités chargées d'opérer la délimitation, et par quels moyens l'opèrent-elles? Quels sont les modes de recours administratifs que les particuliers peuvent faire valoir quand le décret ou l'arrêté ont été rendus? Tel est le double point de vue que nous nous proposons d'examiner maintenant.

§ 1. Autorités chargées d'opérer la délimitation. — I. Le droit d'opérer la délimitation appartient naturellement à l'autorité administrative supérieure dont les pouvoirs peuvent être, en certains cas, exercés par les administrations départementales, c'est-à-dire maintenant par les préfets. Ce droit ne fut pas d'abord absolument déterminé dans son exercice; et l'un des premiers documents législatifs que nous rencontrions en ce sens est l'ordonnance du 23 avril 1825, qui réserve au ministre des finances le droit de délimiter les rivages, préalablement à toute concession de relais.

Le décret du 21 février 1852 modifia l'ordonnance précédente, et établit des dispositions plus rationnelles. Il contient les dispositions suivantes :

« Les limites de la mer seront déterminées par des décrets de l'empereur, rendus sous forme de règlements d'administration publique, tous les droits des tiers réservés, sur le rapport du ministre des travaux publics, lorsque cette délimitation aura lieu à l'embouchure des fleuves et rivières, et sur le rapport du ministre de la marine, lorsque cette délimitation aura lieu sur d'autres points du littoral; dans ce dernier cas, les opérations préparatoires sont indistinctement confiées par le ministre de la marine, soit aux préfets maritimes, soit aux préfets de départements. Quant aux déclarations de domanialité relatives à des portions du domaine public maritime, elles seront faites par les mêmes fonctionnaires, dont les arrêtés déclaratifs seront visés par le ministre de la marine. » (Art. 2.)

« L'avis du ministre de la marine sera réclamé en ce qui concerne la concession des lais et relais de la mer, et son assentiment devra être obtenu pour les autorisations relatives à la formation d'établissements de quelque nature que ce soit sur la mer et ses rivages. » (Art. 3.)

D'après ce texte, l'autorité administrative supérieure doit désormais agir au moyen de décrets rendus sous forme de règlements d'administration publique, c'est-à-dire délibérés en sections d'abord, puis en assemblée générale du conseil d'État. Un plan et un rapport des ingénieurs des ponts et chaussées doivent précéder les délibérations du conseil (loi du 16 septembre 1807, art. 5).

Il n'est pas nécessaire, croyons-nous, que la décision du ministre soit conforme à l'avis exprimé par le conseil d'État. La loi de 1872 n'a pas reproduit l'article 75 de la Constitution du 4 novembre 1848, par lequel le conseil d'État pouvait « recevoir de l'Assemblée nationale une délégation spéciale à l'effet de faire certains règlements d'administration publique ». On le considérait alors, suivant les termes de M. Vivien, « comme substitué au législateur qui lui aurait donné à cet effet un mandat spécial » dont l'Assemblée « était toujours maîtresse de déterminer la portée et l'étendue ». Les législateurs de 1872 ont considéré le conseil d'État comme un simple auxiliaire du gouvernement, et n'ont pas cru devoir attribuer à ses décisions une force qui n'aurait répondu ni à sa mission, ni à son origine. Aussi, une fois que la discussion a eu lieu, le législateur estime que les garanties nécessaires ont été données. « L'administration a la liberté de se mouvoir à son gré sous le contrôle des assemblées politiques pour l'appréciation des mesures destinées à satisfaire les intérêts généraux du pays (1) », pourvu toutefois, ajouterons-nous, qu'elle n'excède pas la limite de ses pouvoirs.

II. L'autorité subsidiaire qui remplace les ministres au point de vue des intérêts locaux est celle des préfets, dont les pouvoirs en matière de délimitation se tirent de la loi du 22 décembre 1789 et du décret du 21 février 1852.

Aucune forme spéciale ne leur est imposée, ils ne sont même point obligés de faire une enquête, ni de prendre l'avis du conseil de préfecture, ou des chefs de service qui les entourent (2). Sans doute ils négligeront rarement de demander l'avis des ingénieurs ; mais aucune loi ne le leur impose. Les inconvénients qui résulteraient de ce système sont en partie atténués par la facilité avec laquelle la jurisprudence du conseil d'État admet les recours, et la disposition libérale de la loi qui permet d'attaquer sans frais les arrêtés préfectoraux quand on se plaint d'incompétence ou d'excès de pouvoir.

Quelle différence faut-il reconnaître entre le décret de délimitation rendu sous forme de règlement d'administration publique, et l'arrêté de domanialité du préfet ? Est-ce une différence tenant à l'effet de l'arrêté ou seulement à son objet ? Il n'y a pas à soutenir que l'arrêté de domanialité est un acte attributif qui transporte dans le domaine public les terrains qu'il détermine, tandis que le règlement d'administration publique portant délimitation serait simplement déclaratif, et ne ferait que constater l'état des choses d'une façon souveraine. Ce système aurait de graves inconvénients, car il en résulterait d'une part que le préfet aurait le droit de faire des expropriations en dehors de la garantie d'une loi, bien que le droit à l'indemnité fût réservé, — d'autre part que les particuliers lésés par un décret réglementaire n'auraient la faculté ni d'élever un recours, ni de recevoir une indemnité. A peine les droits

<hr>

(1) Aucoc, *Du recours pour excès de pouvoir*. — *Rec. de l'Acad. des sciences morales et politiques*, 1878, p. 54.

(2) Arrêt du conseil d'État, 8 mars 1866 ; Jallain ; — Cour de Paris, 7 avril 1868 ; — Morel et Labry, S. 1868. 2. 309.

antérieurs à l'année 1566 pourraient-ils être le sujet d'une exception.

Le rôle véritable des préfets, en matière de délimitation maritime, a été apprécié par M. Dufour en ces termes : « Les préfets ne font plus que préparer les dossiers, et une fois la délimitation opérée par le pouvoir souverain, prendre des arrêtés spéciaux relativement à des portions de territoire déjà déclaré dans son ensemble, domaine public maritime (1). »

S'il s'agissait non pas du domaine maritime, mais de tout autre domaine, nous n'avons pas de document spécial. Nous sommes obligés de nous référer soit aux lois du 22 décembre 1789, soit au décret du 25 mars 1852, complété par le décret du 13 avril 1861. — « Art. 1ᵉʳ. Les préfets continueront de soumettre au ministre de l'intérieur les affaires départementales et communales qui affectent directement l'intérêt général de l'État, telles que... les délimitations territoriales. » Conformément à cet article, en faisant dans le tableau A, annexé au décret, mention des actes que le préfet peut accomplir seul, sans le concours du conseil de préfecture, et sans autorisation préalable du ministre, le législateur a excepté « les changements de circonscription des territoires de département, d'arrondissement, de canton, de commune.... le changement de destination des édifices départementaux affectés à un service public... etc... » Comme le décret ne parle point des arrêtés relatifs au régime fluvial, il faut en conclure que cette partie des attributions préfectorales est restée soumise à l'approbation du ministre de l'intérieur.

§ 2. **Voies de recours administratives.** — Quelles sont les voies de recours ouvertes contre les règlements et arrêtés de délimitation pris par l'autorité administrative ? Nous allons nous borner ici à examiner ce qui se rapporte aux recours devant le conseil d'État, nous réservant d'étudier dans le chapitre suivant la jurisprudence

______

(1) Dufour, *Droit admin.*, édition de 1868, IV, 412.

nouvelle et les droits qu'elle reconnaît aux tribunaux ordinaires.

Il faut distinguer suivant que l'acte incriminé émane de l'autorité supérieure, c'est-à-dire consiste en un décret rendu en forme de règlement d'administration publique, ou qu'il consiste simplement dans l'arrêté d'un préfet.

Dans le premier cas, aucun recours contentieux n'est possible ; ce serait appeler du conseil d'État au conseil d'État lui-même, et quels que soient les inconvénients qui résultent pour certaines personnes des mesures adoptées, les citoyens qui en souffrent, et qu'une indemnité préalable ne satisfait pas, « ne sont pas recevables à faire obstacle à un travail déclaré d'utilité publique et à contester l'utilité de ce travail, et la convenance du tracé adopté » (1).

Quand un arrêté de délimitation est pris par les préfets, au contraire, le recours au contentieux est toujours possible. Ce recours n'est pas la voie d'appel. Il ne s'agit pas en effet d'un jugement à réformer ; il n'y a eu aucun débat ; c'est une décision unilatérale qu'il s'agit de rapporter ou de maintenir. La question se pose sur un terrain plus délicat ; on se demande si le préfet a agi dans la limite de ses droits, et si par conséquent sa décision ne pèche point par incompétence ou excès de pouvoir. On conçoit en effet qu'il y ait deux droits en présence : d'une part le droit de l'administration qui se fonde sur la loi du 22 décembre 1789, relative à la conservation du domaine public, d'autre part le droit des propriétaires qu'à tort ou à raison on vient troubler dans leur possession et qui prétendent que le préfet ne s'est pas contenté de constater un fait naturel, mais qu'il a profité de pouvoirs d'ailleurs réguliers pour trancher une question qui ne s'y rapportait point, pour attribuer au domaine public des terrains qui ne pouvaient en faire partie qu'au moyen d'une loi d'expropriation.

Nous aurons lieu d'examiner les raisons qui ont déterminé le tribunal des conflits à reconnaître en cette matière la com-

____

(1) Aucoc, *Du recours pour incompétence,* etc.

pétence des tribunaux ordinaires, nous nous contentons ici de rappeler comment s'est établi le recours pour incompétence et excès de pouvoir.

Le conseil d'État avait refusé d'abord de l'admettre, dans deux espèces où la décision portait non sur les faits, d'ailleurs favorables à l'administration, mais sur le principe même. « Considérant... que l'arrêté du préfet est un acte administratif qui n'est pas de nature à nous être déféré par voie contentieuse (1).... Considérant que le préfet.... en déterminant la limite du lit de la Garonne, n'a pas excédé ses pouvoirs et que son arrêté est un acte administratif qui, etc. (2). » Il y avait là une théorie bien nette et fort rigoureuse qui finissait par laisser le préfet maître absolu de la décision qu'il jugeait à propos de prendre. Il en résultait un manque de contrôle excessif.

On sentit encore mieux le danger de la situation, quand le décret du 25 mars 1852 eut étendu les pouvoirs du préfet et lui eut donné un pouvoir de décision propre dans bien des circonstances où autrefois il devait d'abord en référer au ministre. Aussi l'admission du recours pour excès de pouvoir devint-elle une garantie indispensable. Elle s'introduisit d'abord par un détour. On décida qu'un arrêté de délimitation pris par le préfet de la Seine, au sujet de terrains situés le long du port de Bercy, ne s'applique qu'à l'état actuel, et « ne fait pas obstacle à ce que les requérants se retirent devant l'autorité compétente pour faire statuer ce qu'il appartiendra sur les droits qu'ils pouvaient avoir antérieurement audit arrêté, à la jouissance et à la propriété des terrains compris aujourd'hui dans le lit de la Seine, et sur l'indemnité qui peut leur être due à raison de leur dépossession (3) ». Ce n'était peut-être pas reconnaître précisément le recours pour excès de pouvoir (en fait le recours était refusé); mais du moment où l'on dis-

---

(1) Arr. conseil d'État, 4 avril 1845, Barsalon.
(2) *Id.*, 1847, Balias de Sabran.
(3) Arr. conseil d'État, 19 juillet 1860, port de Bercy; — 8 avril 1858, Moll.

tinguait entre les différentes décisions que pouvait prendre un préfet sur les limites actuelles ou les limites anciennes ; du moment où l'on maintenait l'arrêté parce qu'il n'avait pas tranché la question de propriété antérieure, on n'était pas loin d'admettre franchement le recours pour excès de pouvoir.

Le mot fut, en effet, prononcé dès l'année suivante, à propos d'une question de faible importance en soi, la propriété d'une petite prairie. « Si l'administration jugeait nécessaire de comprendre cette prairie dans le domaine public, le préfet et notre ministre des travaux publics n'ont pu, sans excès de pouvoir, prononcer l'incorporation au domaine public. (1) » — Depuis, les différentes décisions qui sont survenues, ont maintenu la voie de recours que venait de créer la jurisprudence du conseil d'État (2).

Toutefois, cette jurisprudence fut quelque temps sans reposer sur un texte de loi précis. On s'appuyait, en général, sur les textes des lois révolutionnaires des 7-14 octobre 1790, qui donnaient au roi la mission de corriger les jugements des tribunaux administratifs, et l'on admettait que c'était le souverain qui rendait sa décision par l'organe du conseil d'État. Mais depuis la révolution de 1870, il était fort douteux que les textes de 1790 pussent s'appliquer encore au chef de l'État.

Il n'y a plus de doute à conserver maintenant à cet égard. La loi du 24 mai 1872, qui porte réorganisation du conseil d'État, mentionne expressément ce droit dans l'article 9 : « Le conseil d'État statue souverainement sur les recours en matière contentieuse administrative et sur les demandes d'annulation pour excès de pouvoir contre les actes des diverses autorités administratives. » Le droit de recours pour excès de pouvoir a été encore mentionné depuis dans les lois du 20 août 1871, article 88, sur les conseils généraux ; du 27 juillet 1872,

____

(1) Arrêt. C. d'État, 23 mai 1861, Coquard.
(2) Arrêts C. d'État, 27 mai 1863, Drillet de Lannigou ; — 3 mars 1866, Jallain ; — 3 décembre 1863, Meurillon.

article 30, sur les recrutements. Son existence est à présent hors de doute.

Il est précieux à plus d'un titre, et les dispositions libérales de la loi le favorisent singulièrement. Aux termes d'un décret du 2 novembre 1864, les recours pour excès de pouvoir sont jugés par le conseil d'État sans autres frais que les droits de timbre et d'enregistrement. Il n'y a pas à y joindre les dépens (1).

M. Aucoc, dans la savante monographie qu'il a consacrée au recours pour excès de pouvoir, l'a défini en déterminant les cas auxquels il est applicable.

« Il y a excès de pouvoir non seulement quand un agent de l'administration sort des limites de sa compétence, mais aussi quand il ne se sert pas des formes dans lesquelles la loi ou les règlements lui ont enjoint de prononcer, et encore quand il emploie le pouvoir qui lui a été donné dans un but différent que celui que le législateur a eu en vue (2). »

CHAPITRE VII

**DROIT D'INTERVENTION DE L'AUTORITÉ JUDICIAIRE
JURISPRUDENCE DU CONSEIL D'ÉTAT ET DES TRIBU-
NAUX CIVILS — DÉCISIONS DU TRIBUNAL DES CONFLITS**

Nous avons indiqué, dans le chapitre précédent, qu'une discussion fort importante s'était engagée sur la question de savoir si, lorsque l'administration a procédé à un acte de déli-

(1) 6 juin 1879, de Vilar.
(2) Plusieurs arrêtés ont été cassés comme violant non le texte, mais l'esprit de la loi (25 février 1864, Lesbats ; 3 mai 1866, Letellier Delafosse ; 25 novembre 1875, Parisot).

mitation, le riverain qui conteste l'exactitude des appréciations a le droit, en négligeant le recours au conseil d'État, de s'adresser directement aux tribunaux civils, et de leur demander, non de faire annuler l'acte administratif, mais de lui faire payer une indemnité en rapport avec le préjudice qu'il a subi.

Cette question a reçu des solutions très diverses de la part des juridictions auxquelles elle a été soumise, et ce n'est qu'à une époque toute récente que les décisions du tribunal des conflits ont tracé des règles qui paraissent devoir fixer la jurisprudence. Toutefois la lutte est loin d'avoir cessé dans la doctrine (1). Il convient donc d'exposer les différents systèmes qui ont été soutenus. Nous essayerons en même temps d'en examiner la valeur, et nous énoncerons les raisons qui nous déterminent à adopter la doctrine que le tribunal des conflits a consacrée.

§ 1. **Jurisprudence du conseil d'Etat**. — La jurisprudence du conseil d'État a été loin d'être constante.

---

(1) Les questions de délimitation ont, depuis longtemps déjà, soulevé dans la doctrine des discussions célèbres. — Déjà M. de Serrigny avait touché la question d'une façon mgistrale, et malgré la jurisprudence du conseil d'État qui prévalait alors, s'était prononcé dans notre sens.

Plus récemment, à propos de divers arrêts rendus par le conseil d'État, M. Christophle insérait dans la *Revue critique* un article, auquel nous avons emprunté plusieurs arguments (*De la délimitation des cours d'eau navigables et flottables et de ses conséquences*, par M. Christophle; *Revue critique*, 1868, t. XXXII, p. 385).

M. Aucoc, dont il avait critiqué les conclusions, répondit bientôt en 1869 et affirma de nouveau sa doctrine avec la clarté et la précision qui lui sont habituelles (*Du caractère et des effets des actes administratifs qui délimitent... Aucoc, Revue critique*, 1869, t. XXXIV, p. 121).

Nous devons encore à M. Aucoc une savante monographie sur *le recours pour excès de pouvoirs*, insérée dans le *Recueil de l'Académie des sciences morales et politiques*, 1878, p. 54.

La doctrine de M. Aucoc est la même que celle que M. Ducrocq enseigne, à quelques légères différences près (*Droit administratif*, t. II, nᵒˢ 963 et 964).

Nous avons eu déjà lieu de dire qu'il avait d'abord refusé aux intéressés tout recours, même administratif. Quand ce premier point eut été gagné, il a longtemps soutenu qu'il devait être le seul à juger de ces questions, et que toute intervention du pouvoir judiciaire était illégitime.

Cette doctrine se résumait dans les deux propositions suivantes : « La question de propriété privée (de divers terrains compris dans les limites d'un fleuve), en tant qu'elle est fondée sur les dispositions du Code civil, est subordonnée à la reconnaissance et à la fixation des limites *anciennes* ou *nouvelles* du fleuve ; mais cette reconnaissance et la détermination de l'étendue de cette portion du domaine public appartiennent exclusivement à l'autorité administrative, qui est chargée de maintenir et d'assurer le libre cours des eaux et de la navigation (1). » — « Quand le préfet a déterminé dans le présent et dans le passé les limites du domaine public aux points litigieux, les conclusions des demandeurs tendant, non à être remis en possession des terrains affectés aujourd'hui au service public, mais à faire reconnaître leur propriété et à obtenir une indemnité à raison du préjudice qu'ils ont éprouvé par cette dépossession, soulèvent une question qui est de la compétence des tribunaux civils (2). »

Ce qui, si notre appréciation est juste signifie : droit exclusif pour l'administration de reconnaître les limites anciennes ou nouvelles du domaine public ; et une fois que cette reconnaissance a été établie, défense aux tribunaux civils de la contrôler. Le droit de ces derniers, dans le cas où l'administration aurait reconnu qu'il y a empiètement des limites nouvelles sur les limites anciennes, consiste uniquement à vérifier les bases de l'indemnité, et à liquider le compte.

Quelques atténuations de forme se rencontrent dans les cou-

---

(1) Arrêt C. d'État, 31 mai 1851, Duhamel.

Même sens, Tribunal des conflits, 20 mai 1850, Desmarquet.

Orléans, 28 février 1850 ; l'État contre héritiers Poulain. — D., 50, 2, 65.

(2) Arrêt cons. d'État, 21 novembre 1861, port de Bayonne.

clusions données en 1860 et 1866 par M. L'Hopital et par M. Aucoc,
commissaires du gouvernement. « Ou bien, disait M. L'Hopital,
l'autorité administrative détermine la consistance du domaine
public, dans le présent seulement et dans l'état actuel, et alors
tous les droits sont conservés aux tiers pour réclamer devant
qui de droit une indemnité pour la privation qu'ils subiraient
d'une propriété justifiée entre leurs mains tant que le terrain a
été susceptible de propriété privée ; ou bien l'autorité administrative délimite pour le passé comme pour le présent, en déclarant
que le terrain litigieux a toujours fait partie du domaine public.
Dans ce cas même il ne serait pas impossible de prévoir des hypothèses dans lesquelles la délimitation du domaine public laisse-
rait subsister le droit des tiers, comme par exemple si l'on jus-
tifiait d'un acte de vente nationale, duquel il résultât que des
particuliers auraient acquis partie des terrains compris dans les
limites fixées par l'administration ; alors.... ce ne serait plus
une indemnité que les réclamants pourraient obtenir, ce serait
le terrain lui-même, sauf, bien entendu, pour l'administration
la faculté d'exproprier. — En dehors de ces hypothèses la déclaration que le terrain litigieux a toujours fait partie des dépendances du domaine public équivaudrait à une dénégation
du droit à une indemnité. — Mais ici se présente le remède
extrême du recours pour excès de pouvoir, et le conseil d'état
examinera de très près, si sous prétexte de délimitation du
domaine public, on n'a pas été jusqu'à usurper sur la propriété
privée (1). »

La même doctrine se retrouve dans les conclusions si précises que déposait M. Aucoc, dans l'affaire de la Gaffette le 15
décembre 1866. « Le domaine public est inaliénable et imprescriptible ; la seule déclaration que les limites de la route, du
fleuve, de la mer, doivent être fixées suivant telle ou telle ligne
suffirait-elle pour faire tomber tous les droits de propriété ?

---

(1) Arrêt cons. d'État, 2 août 1860, Mazeline, cité par M. Christophle, *Revue critique*, 1868, t. XXXII, p. 393. — Cf. cons. d'État, 19 juillet 1860, Rey-
neau. — D., 1861, 3, 49.

» La solution de cette question dépend de savoir si l'administration a délimité pour le présent ou pour le passé.

» Quand l'administration fixe pour le présent les limites d'un fleuve, les limites de la mer, elle se borne à constater un fait qui de son essence est variable. Les eaux du fleuve, de la mer, ont leurs caprices. Ce qui est vrai aujourd'hui pouvait ne pas l'être il y a quelques années. Il est possible que des droits se soient constitués sur un terrain actuellement compris dans les limites du domaine public : la délimitation ne doit pas faire obstacle à ce que ces droits soient reconnus; ils le seront par l'autorité judiciaire. Seulement cette reconnaissance des droits ne donnera pas lieu à un maintien en possession ; elle ne pourra aboutir qu'à une indemnité. Mais si la reconnaissance est faite également pour le passé, il devient impossible au propriétaire d'établir ses droits devant l'autorité judiciaire, à moins qu'il ne justifie que des droits lui ont été constitués avant l'époque où le domaine public est devenu imprescriptible, en vertu de l'ordonnance de février 1566, ou bien qu'ils lui ont été conférés par des ventes nationales. Seulement si les propriétaires n'ont plus dans ce dernier cas la ressource d'obtenir une indemnité de l'autorité judiciaire, ils ont un recours devant vous par la voie contentieuse...»

Telle est encore la doctrine que nous trouvons exposée dans le savant ouvrage de droit administratif que M. Dufour publiait en 1868 :

« Le droit de l'administration procède du devoir de conserver les chemins, routes, rivages, etc...; elle n'a donc d'autre pouvoir que celui de reconnaître et de constater jusqu'où s'étend le rivage de la mer. Si non contente de rechercher et d'indiquer cette limite, elle prétend, à l'aide de la délimitation, englober dans le domaine public un terrain qui ne lui a jamais appartenu, elle outrepasse la limite de son droit, et le conseil d'État, pour l'y ramener, n'hésite pas à pénétrer dans l'examen des faits, et à reviser l'appréciation administrative. »

§ 2. **Examen de la jurisprudence du conseil**

d'État. —Tous ces documents et d'autres encore que nous pourrions citer (1) reconnaissent le droit d'intervention de l'autorité judiciaire dans de certaines limites; mais quelles sont ces limites? C'est précisément là le point délicat sur lequel nous voulons insister, et à propos duquel nous regrettons de nous trouver en désaccord avec les savants auteurs que nous venons de nommer.

On nous accorde généralement qu'il y a deux cas où le droit de juridiction des tribunaux civils est incontestable. C'est : 1° le cas où le riverain délimité tient ses droits d'un acte émané de l'administration; 2° le cas où il peut faire remonter l'origine de sa possession jusqu'en 1566. Les tribunaux apprécient alors les titres qu'il présente et estiment la valeur des terrains que l'administration lui enlève sans avoir le droit de les lui faire rendre.

Mais dans les cas les plus nombreux, dans ceux qui importent le plus à la sécurité de la vie sociale, quand il s'agit de savoir si l'acte de délimitation concorde avec la nature des choses, et si l'administration s'est tenue dans la limite de ses droits, ou l'a dépassée, on prétend repousser formellement la compétence judiciaire.

Cette théorie nous paraît peu admissible, et il nous semble difficile de soutenir qu'un tribunal, à qui l'on confie journellement le soin de décider des questions identiques à celle-ci, quand, par exemple, il s'agit de défendre la propriété d'un riverain contre les empiètements de son voisin, devienne absolument incapable de juger le jour où il s'agit de défendre cette même propriété contre une entreprise irréfléchie de l'État. D'où viendrait, en effet, cette compétence imprévue des tribunaux administratifs, et pourquoi retirerait-on aux tribunaux le privilège naturel qui met entre leurs mains la garantie de nos droits civils?

______

(1) Aucoc, *Du caractère et des effets des actes administratifs qui délimitent*, etc., *Revue critique*, 1869, t. XXXIV, p. 121. — Ducrocq, *Droit administratif*, t. II, n°ˢ 963 et suiv.

Il nous semble que les arguments sur lesquels repose la théorie de la compétence exclusive du conseil d'État se résument en deux points principaux :

1° L'arrêté de délimitation est un acte administratif, et en vertu du principe de séparation des pouvoirs, il est défendu aux tribunaux civils d'en connaître.

2° L'autorité administrative ne fait que reconnaître un fait naturel, et, par conséquent, aucune indemnité n'est due en raison du fait qu'elle se borne à constater.

Nous allons essayer de prendre tour à tour ces deux arguments, et de voir quelle valeur il est légitime de leur attribuer.

Le premier, d'abord, nous semble reposer sur une équivoque, et confondre tout ensemble l'acte administratif et les consé-quences qu'il entraîne. — Si par hasard un acte administratif autorise une autre personne à porter le nom qui est le mien, serai-je obligé de m'adresser au gouvernement pour obtenir qu'il rapporte son décret? Et dans le cas où le délai d'un an, fixé par l'article 7 de la loi du 7 germinal an XI pour introduire un recours contentieux contre le décret d'autorisation, est ex-piré, devrai-je m'incliner devant le fait accompli; et n'aurai-je pas le droit de citer devant les tribunaux civils l'individu qui usurpe la propriété de mon nom pour lui faire interdire de le porter à l'avenir? Il nous semble difficile de trouver une ques-tion qui présente plus d'analogies avec celle que nous traitons. Or comment est-elle résolue? Voici l'opinion de M. Ducrocq, l'un des adversaires les plus convaincus et les plus graves de notre opinion relativement à la délimitation (1) : « Comme l'autorité judiciaire est instituée gardienne de la propriété, de la liberté individuelle et de l'état civil des citoyens, et que les litiges de cet ordre sont au premier chef dans le contentieux judiciaire, il appartient aux tribunaux judiciaires, sans annuler ou critiquer l'acte gouvernemental, de reconnaître

____

(1) Ducrocq, *Cours de droit administratif*, 6ᵉ édition, 1881, t. I, p. 233, § 248. — Arrêt C. d'État, 11 août 1866, Hamilton; — arrêt C. d'État, 9 mai 1867, d'Aumale.

le droit contesté, lorsque cet acte gouvernemental, émané soit du chef de l'État, soit d'un ministre, constitue contre la propriété, la liberté ou l'état civil d'un citoyen, une voie de fait ne rentrant pas dans l'exercice des pouvoirs constitutionnels ou légaux du gouvernement (conclusions de M. Aucoq, commissaire du gouvernement dans l'affaire Hamilton..., et dans l'affaire d'Aumale, etc...). »

Peut-être, pour éviter que nous n'appliquions cette décision à la question de la délimitation, tentera-t-on de se référer à l'exception comprise dans les termes précédents, en disant que c'est une loi qui confère au gouvernement le droit d'opérer la délimitation, et que donner aux tribunaux civils le droit de contrôler ses actes, c'est le gêner dans l'exercice d'un « pouvoir légal » . — Mais n'est-ce donc pas une loi aussi qui lui confère le droit de statuer sur les noms patronymiques, et les jugements des tribunaux ne risquent-ils pas d'anéantir une décision qu'il regardait comme définitive (1)?

Il n'y a, croyons-nous, qu'un moyen de concilier à la fois le respect qui est dû aux actes de l'administration, et le respect

---

(1) Nous citerons encore : Conclusions de M. Aucoc (*Affaire d'Aumale*) : « Il s'agit de la régularité, de la validité, des effets de la saisie d'un livre ; il s'agit de la *revendication d'une propriété mobilière*.... Depuis la loi des 16-24 août 1790, ces questions sont exclusivement dans le domaine de l'autorité judiciaire. »

Affaire Hamilton : « Supposons que par impossible, car il faut souvent prévoir des applications impossibles d'un principe pour en vérifier l'exactitude, l'empereur crût pouvoir disposer d'un titre actuellement porté par un citoyen qui en serait régulièrement investi, et l'attribuer à un autre citoyen : nous croyons qu'il appartiendrait aux tribunaux civils, *non pas d'annuler le décret mais de statuer à côté du décret* et de reconnaître le droit contesté, parce qu'il est évident que l'empereur ne peut disposer arbitrairement des propriétés privées.

M. R. Dareste (*De la justice administrative*, p. 235) : « De même que les actes législatifs, les actes du gouvernement ne peuvent donner lieu à aucun recours contentieux direct à fin d'annulation, ni indirect à fin d'indemnité, sauf le droit, dont les tribunaux ne peuvent être dépouillés, de garantir *l'état civil, la liberté*, et la *propriété* des citoyens contre toutes voies de fait qui ne rentrent pas dans l'exercice des pouvoirs constitutionnels. »

qui est dû à la propriété civile, c'est de reconnaître que les tribunaux doivent ne pas toucher aux dispositions de la décision administrative, mais qu'ils ont le droit de faire indemniser les citoyens d'un préjudice illégal qui en serait la conséquence.

La seconde objection que nous ayons à combattre est celle qui consiste à dire que l'autorité administrative ne fait que reconnaître un fait naturel, et que par conséquent les tribunaux civils, eussent-ils le droit de connaître du litige, ne pourraient accorder aucune indemnité.

Cette théorie est tellement dure que l'on s'est cru d'abord obligé d'admettre deux exceptions en faveur des détenteurs de biens nationaux, ou des riverains dont la possession remonte à une date antérieure à 1566. Mais, de plus, pour tempérer l'effet du « *summum jus, summa injuria* », M. Aucoc a construit la théorie suivante :

« Les limites comprises dans l'arrêté constituent une sorte de maximum, et le terrain où elles s'étendent n'est presque jamais occupé pour le service public. Il est donc équitable que l'administration, prenant le maximum de ses droits, indemnise les propriétaires dépossédés, non par elle, mais par les eaux, surtout si ces droits proviennent de concessions antérieures de l'administration (1). »

Nous rendons hommage à l'esprit élevé qui a inspiré les lignes que nous venons de citer, nous y reconnaissons la marque d'une équité juridique véritable qui perce à travers les conséquences embarrassantes d'une doctrine mal assise ; mais, malgré la légitime autorité de leur auteur, la théorie qu'il énonce ne nous semble point supporter la critique. Que signifie ce *droit maximum* de l'administration, qui ne devient *équitable* que du jour où celle-ci *page* la propriété sur laquelle ce droit s'étend ? Par quel procédé arrivera-t-on à apprécier la mesure de l'indemnité qui sera payée ? Ne faudra-t-il pas, après avoir

---

(1) M. Aucoc, Conclusions dans l'affaire de la *Société de la Gaffette.* — C. d'état, 15 décembre 1866.

relevé la limite maximum, reconnaître encore la limite véritable, celle où il aurait mieux valu s'arrêter tout d'abord?

Quelle est enfin la nature de ce droit bizarre, qui ne se présente, ni avec les caractères d'un arrêté de délimitation, ni avec les garanties d'une expropriation légale, mais qui est une sorte de compromis entre les deux?

Nous pouvons nous appuyer, du reste, sur une décision de M. Ducrocq, qui condamne formellement la théorie que nous venons de combattre, et qui avait été appliquée par plusieurs arrêts du conseil d'État.

« La décision exceptionnellement donnée par le conseil d'État, dans ces espèces, ne saurait être accueillie pour trois motifs : 1° il ne saurait y avoir à la charge de l'État une obligation d'indemnité, puisque c'est le fleuve qui se fait lui-même son lit, et que l'administration, en le déterminant, se borne à reconnaître un fait qu'elle n'a pas créé; 2° la décision donnée, dans ce cas, serait désastreuse pour l'État, si elle était généralisée....; 3° les arrêts rendus en ce sens ont eu tort de provoquer une jurisprudence de la Cour de cassation, etc... (1). »

M. Ducrocq ne reconnaît le droit du riverain à l'indemnité que dans les deux cas que nous avons déjà cités (2). Mais c'est ici que nous attaquons alors sa doctrine elle-même, et nous prétendons qu'elle ne peut même point laisser alors aux tribunaux civils la faculté d'indemniser le riverain. En effet, si la limite administrative est exacte, si l'acte de délimitation doit être considéré comme la constatation pure et simple d'un fait naturel, et s'il en résulte que les tribunaux judiciaires n'ont pas le droit de vérifier l'exactitude des mesures qui ont été faites, sur quel argument peut-on fonder l'indemnité que les tribunaux feront donner aux riverains dans les deux cas qui ont été mis à part. Suivant une ingénieuse remarque de M. Christophle, le maintien de ces deux exceptions est une pure inconséquence. La mer a gagné sur ses rives, et le fleuve

____

(1) Ducrocq, *Cours de droit administratif*, t. II, p. 148.
(2) *Id.*

s'est déplacé; en quoi cela peut-il donner quelque droit aux riverains? « L'administration se borne à reconnaître un fait qu'elle n'a pas créé », et elle peut se retrancher derrière la maxime célèbre « *Flumina censitorum vice funguntur.* »

Les dernières décisions du conseil d'État étaient absolument conséquentes avec cette doctrine en refusant d'une façon complète aux tribunaux civils le droit d'attribuer une indemnité.

« Considérant que... les limites fixées par l'administration doivent se confondre avec les limites naturelles du cours d'eau, et qu'aucune parcelle de terrain située en dehors desdites limites naturelles ne saurait, même sous la réserve d'une indemnité, être comprise par voie de délimitation administrative dans le lit du cours d'eau, sans qu'il en résultât un excès de pouvoir ouvrant aux intéressés un recours; qu'ainsi ces dispositions (de la loi) excluent pour les tribunaux civils tout pouvoir de reviser la décision administrative, aussi bien au point de vue d'une indemnité à accorder aux riverains qu'au point de vue de la possession des terrains, et par suite la compétence que supposerait un tel pouvoir (1). »

Cet arrêt semble bien, en effet, ne plus réserver les deux cas où M. Ducrocq et M. Aucoc admettaient encore le droit à l'indemnité.

§ 3. Jurisprudence des cours et tribunaux civils. — Examen de cette jurisprudence. — Cependant le conflit entre l'autorité administrative et l'autorité judiciaire s'était encore accentué, et les arrêts de la Cour de cassation (Ch. req., 19 juin 1872, l'État contre Morel et Nozal; Ch. civ., 6 nov. 1872, Ouizille contre l'État) répondaient par des dispositions absolument inverses aux arrêts du conseil d'État. Il est temps d'examiner les arguments sur lesquels se fonde la compétence des tribunaux judiciaires.

Le soin de juger les contestations relatives à la propriété, disent-ils, leur a été commis par l'article 544 du Code Napo-

---

(1) Cons. d'État, 13 mars 1872, Patron.

léon, et se trouve encore confirmé par l'article 1er de la loi du 3 mai 1841. Ils ne contestent pas à l'administration le droit de déterminer les limites qu'elle estime justes et nécessaires; de décider que le lit du fleuve ou le rivage de la mer s'étend jusqu'à tel ou tel point. Il n'entre point dans leur esprit de reviser l'acte administratif; mais quand un citoyen vient se plaindre devant eux de voir sa propriété envahie, et ses droits méconnus, ils examinent les raisons et les titres, et s'ils reconnaissent qu'il a véritablement subi une lésion injuste, ils prennent en main sa défense, et obligent l'administration à réparer le tort qu'elle a causé. Aussi doivent-ils avoir le droit de reconnaître : 1° si effectivement les limites naturelles coïncident avec les limites administratives; 2° si dans le passé l'espace compris entre les deux tracés appartenait effectivement au riverain.

Si l'autorité administrative avait le droit de déterminer d'une façon préjudicielle les limites anciennes, ou si on devait tenir pour rigoureusement exactes et pour naturelles les limites actuelles qu'elle assigne, elle donnerait la solution même du litige, et déciderait en maîtresse absolue des questions de propriété. Ainsi serait anéantie la règle protectrice qui sépare le pouvoir administratif du pouvoir judiciaire; ainsi disparaîtrait l'une des garanties les plus importantes qui aient été assurées aux citoyens.

Les principes mêmes de notre législation civile suggèrent et appuient ce raisonnement; mais il y a plus, une loi en a fait une application particulière, qui, pour être spéciale, n'en est pas moins frappante. C'est l'article 15 de la loi du 21 mai 1836, sur les chemins vicinaux : « Les arrêtés du préfet portant reconnaissance et fixation de la longueur d'un chemin vicinal attribuent définitivement au chemin le sol compris dans les limites qu'ils déterminent. Le droit des propriétaires riverains se résout en une indemnité qui sera réglée à l'amiable, ou par le juge de paix du canton, sur le rapport d'experts nommés conformément à l'article 27. »

A qui la loi remet-elle la solution du litige? Est-ce aux tribunaux administratifs, sous la garantie des droits de recours qui leur sont spéciaux? Nullement. Sa décision est plus équitable; elle reconnaît qu'il y a ici une question de propriété, et elle confie le soin de la décider à un tribunal civil, dont les appels suivront la dévolution ordinaire de la justice civile.

S'il fallait d'ailleurs une confirmation plus haute à des considérations si équitables, ne la trouverait-on point dans ces mots souvent cités du décret du 22 janvier 1852 : « tous les droits des tiers réservés »? Réserver les droits des tiers n'est-ce pas reconnaître d'une façon absolue que la délimitation peut parfois y porter atteinte, et que les tiers pourront agir afin de les faire respecter? — Or comment arriveront-ils à les garantir? — Sera-ce en portant plainte devant les tribunaux administratifs? — Sans doute, s'ils y consentent. — Mais comment leur droit sera-t-il respecté si on leur enlève ce droit, la première et la plus sûre garantie de tous les autres, le droit de s'adresser aux tribunaux civils?

Cette théorie qui se trouve énoncée pour la première fois dans un arrêt de la cour de Lyon (aff. Combalot) a été reprise et développée par de nombreux arrêts des cours civiles (1), et nous avons déjà dit que peu de temps encore avant les importantes décisions de 1873, la Cour de cassation lui prêtait l'appui de sa grande autorité.

§ 4. **Réfutation des objections.** — Il nous est maintenant facile de répondre aux objections qui ont été soulevées contre cette théorie.

Nous avons examiné déjà cette grave objection que le tribunal civil empiétait sur les droits du pouvoir administratif, et appréciait un acte administratif. Nous nous contenterons de rappeler ici l'autorité du tribunal des conflits dans l'affaire Fizes : « Si le particulier demande simplement à être reconnu propriétaire sans demander à être envoyé en possession, ni

(1) 11 février 1848: — 10 janvier 1849; — Sirey, 49, 2, 369; — Arrêt Cass., 10 juillet 1854; — Dalloz, 54, 1, 229; — 21 novembre 1665; — Sirey, 1866, 1, 5; — Cass., 19 juin 1872, Morel et Nozal; — 6 novembre 1872, Ouizille contre l'État; — D., 72 — 1 ; — 165.

contester la domanialité, il ne s'agit là que d'une question judiciaire (1). »

Il ne nous reste plus que quelques objections de détail à
discuter. On prétend que les ingénieurs de l'État, sans cesse
surveillés et contrôlés par les ingénieurs civils, ne pourront
plus agir librement, et se trouveront exposés à mille gênes. —
De plus, dit-on, voyez quelle situation bizarre va résulter de
l'intervention des tribunaux civils. Supposez qu'une longue
bande de terrain ait été comprise dans un arrêté de délimitation. Certains riverains vont s'adresser au conseil d'État qui
rectifiera le tracé : d'autres au contraire s'adresseront aux
tribunaux, qui en obligeant l'État à payer la valeur des terrains
le rendront propriétaire. Il en résultera une ligne brisée,
informe, pleine de retraits ou de saillants qui sera difficilement
utilisable et certainement fort incommode. — Cela est évi-
demment regrettable, moins cependant que le risque pour un
propriétaire de ne pas être indemnisé de la propriété du sol
qu'on lui enlève sans droit. D'ailleurs si le tracé avait été fait
avec plus de soins, ces résultats se seraient-ils produits? la
faute n'en est-elle pas imputable à l'État ou à ses représentants?
S'il n'avait pas droit, pour un service public, aux parcelles qu'il
a rendues, pourquoi les a-t-il prises? — S'il y avait droit, pourquoi les a-t-il rendues? Les tribunaux civils doivent pouvoir
indemniser les riverains du tort que leur cause un tracé de
fantaisie. D'ailleurs, l'État n'a-t-il pas la faculté de reprendre
son tracé, et d'acheter ou d'exproprier plus tard les parcelles
qu'il a rendues?

Un autre argument fort original est celui qui consiste à
représenter la loi de 1841 comme compromise par le droit
d'intervention des tribunaux civils. — Que faites-vous en effet,
disent nos adversaires? Vous donnez à l'administration le droit
de faire des expropriations sans enquête, sans aucune des
garanties protectrices de la loi. Il suffira qu'un préfet prenne
un arrêté, et le terrain qu'il aura désigné tombera dans le

____

(1) Décision trib. des confl., 20 mai 1850, Fizes.

domaine public! Ne craignez-vous pas de permettre ainsi des collusions regrettables entre l'ingénieur chargé du service et le propriétaire qui désire vendre son fonds? Il vaut mieux porter les faits devant le conseil d'État, qui, en cas d'empiètement, restituera les terrains usurpés, ou fera prononcer une loi d'expropriation. — Mais les riverains ne peuvent-ils pas répondre :

« Nous n'aimons guère les garanties qui reposent sur le bon plaisir des gouvernants, et à l'équité qu'on nous promet, nous préférons infiniment la justice à laquelle nous avons droit.

» Nous avons appris à connaître une théorie de la limite maximum qui nous effraie; nous désirons ne pas la discuter. D'ailleurs, la loi de 1841 est-elle d'ordre public au point de vue du propriétaire ou au point de vue de l'administration? Si nous voulons traiter à l'amiable, céder notre droit à des intermédiaires, qui nous en empêchera? Si nous nous contentons de l'indemnité que les tribunaux nous accorderont, en quoi notre conduite est-elle illégitime? — Ce qui est illégitime, ce n'est pas l'appel que le propriétaire fait aux tribunaux de droit commun pour obtenir protection, c'est l'acte par lequel l'administration prétend occuper des terrains qui ne lui reviennent pas de droit, sans remplir les formalités de la loi de 1841. »

§ 5. **Jurisprudence du tribunal des conflits**.
— Il était utile, croyons-nous, de discuter longuement cette théorie parce qu'elle ne repose encore que sur des déductions juridiques, et qu'aucun texte de loi précis ne l'a consacrée. Cependant il faut dire que les décisions répétées du tribunal des conflits sont venues lui ajouter maintenant une force singulière, et semblent devoir lui assurer désormais une prédominance certaine.

C'est ainsi que le 11 janvier 1873 une décision fameuse rendue à la requête de M. le marquis de Pâris-Labrosse, sur le rapport de M. Mercier et sur les conclusions de M. David, déclarait qu'un riverain dépossédé d'une partie de ses terrains par une surélévation artificielle des eaux, peut porter une demande en indemnité devant l'autorité judiciaire et qu'il appar-

tient à celle-ci, lorsque le demandeur soutient « que sa propriété a été englobée dans le domaine public par une délimitation inexacte, de reconnaître le droit de propriété invoqué devant elle, de vérifier si le terrain litigieux a cessé, par le mouvement naturel des eaux, d'être susceptible de propriété privée
et de régler, s'il y a lieu, une indemnité de dépossession, dans le
cas où l'administration maintiendrait une délimitation contraire
à sa décision. »

Peu de temps après, le 1ᵉʳ mars 1873, une nouvelle décision
(Guillié contre l'État), rendue sur le rapport de M. Aucoc et
sur les conclusions de M. Blanche, portait que dans le cas où
un riverain prétend que son terrain n'était pas couvert par les
eaux avant les travaux de barrages exécutés par l'État, et où
le préfet réclame pour les tribunaux administratifs le droit de
rechercher les limites anciennes et de fixer l'indemnité, cette
prétention n'est pas de nature à obliger les tribunaux judiciaires de surseoir jusqu'à ce que l'autorité administrative ait
procédé à la détermination des limites de la rivière, avant
l'exécution des travaux; et que « s'il appartient aux conseils
de préfecture, en vertu de l'article 4 de la loi du 28 pluviôse
an VIII, de statuer sur les demandes en indemnité pour les
dommages causés par l'exécution des travaux publics, leur
compétence ne s'étend plus, depuis les lois du 8 mars 1810, du
7 juillet 1833 et du 3 mai 1841, au cas où les particuliers sont
dépossédés au profit d'une administration publique de leurs
propriétés immobilières, et que dans ce cas il n'appartient qu'à
l'autorité judiciaire de régler les indemnités dues, sans qu'il y
ait lieu de distinguer si la dépossession a été ou n'a pas été pré-
cédée des formalités établies par la loi du 3 mai 1841 »...

Nous rappellerons pour terminer deux autres décisions du
même tribunal à la date des 13 et 27 mai 1876, qui maintiennent
la compétence de l'autorité judiciaire dans le cas où l'administration, à propos du curage d'une petite rivière, et pour faciliter le libre écoulement des eaux, avait incorporé ces terrains
au lit de la rivière sans remplir les formalités de la loi de 1841.

« Considérant que s'il appartient à l'autorité administrative d'ordonner le curage des rivières non navigables ni flottables, ou d'ordonner le redressement de leur lit, elle ne peut à l'occasion de ces actes ni se constituer juge des droits de propriété qui appartiendraient aux riverains, ni s'attribuer le pouvoir d'incorporer au lit de la rivière sans remplir les formalités prescrites par la loi du 3 mai 1841 les terrains dont l'occupation lui semblerait nécessaire pour le libre écoulement des eaux ;

» Considérant que... ces arrêtés ne sont pris que sous la réserve du droit des tiers, que cette réserve est générale et absolue, qu'elle s'étend aux droits fondés sur une possession constante ou sur des titres privés comme sur ceux qui dériveraient de la disposition de la loi ;

» Considérant que les tiers dont les droits sont réservés ne peuvent, il est vrai, se plaindre qu'à l'autorité administrative pour faire rectifier ou annuler un arrêté de curage qui porterait atteinte à leurs droits, mais qu'il appartient à l'autorité judiciaire, lorsqu'elle est saisie d'une demande en revendication ou en indemnité formée par un particulier qui prétend que sa propriété a été compromise dans les limites du vieux bord de la rivière, de reconnaître le droit de propriété invoqué devant elle, de vérifier si le terrain litigieux est devenu par le mouvement naturel des eaux susceptible de propriété privée, et de régler s'il y a lieu une indemnité de dépossession dans le cas où l'administration croirait devoir maintenir son arrêté, en remplissant les formalités prescrites par la loi du 3 mai 1841....»

Le tribunal maintient la compétence de l'autorité judiciaire.

CHAPITRE VIII

DÉCLASSEMENT DES BIENS QUI FONT PARTIE DU DOMAINE PUBLIC

Les chapitres précédents ont eu pour objet d'examiner quels sont les caractères juridiques ou les dispositions légales, en vertu desquelles certains biens entrent dans le domaine public de l'État; il nous reste à exposer brièvement quelles sont les conditions dont l'accomplissement les en fera sortir.

I. Il peut s'agir d'abord des biens auxquels la nature elle-même a donné ces caractères de domanialité publique, que les actes administratifs ont seulement pour objet de constater. En ce cas la nature est seule souveraine. Quand le flot se retire, ou quand le fleuve change son cours, l'acte administratif doit suivre les caprices de la mer ou du fleuve, et se borner à reconnaître les limites qu'ils ont tracées.

II. Au contraire les biens auxquels la loi seule a donné le caractère public, ne nous semblent pouvoir être déclassés qu'en vertu d'un acte de la même autorité qui les avait déclarés inaliénables, c'est-à-dire en vertu d'une loi. Tel est le principe dont l'application a été faite pour le déclassement ou la suppression des places de guerre (art. 1er de la loi du 10 juillet 1851.)

Quant aux églises qui ont été régulièrement classées en vertu du Concordat de 1801, nous déciderons qu'outre les diverses conditions imposées par plusieurs lois (délibération du conseil municipal, article 19 de la loi du 18 juillet 1837; — délibération de la fabrique, article 12, § 1er du décret du 30 décembre 1809; avis de l'évêque à la disposition duquel l'article 12 du Concordat de l'an IX a remis les églises), et dans le cas où il ne s'agit pas de l'exécution d'un travail d'utilité publique, il faut

encore que le gouvernement obtienne la ratification de ses actes
au moyen d'un traité passé avec le saint-siége. Le Concordat
de 1801 possède en effet la valeur d'un engagement interna-
tional, et nous ne croyons pas qu'en dehors du cas où la nécessité publique exige l'occupation d'un terrain conformément à
la loi du 3 mai 1841, le gouvernement puisse écarter les enga-
gements souscrits par ses devanciers. Tel est le motif pour lequel nous croyons devoir repousser l'opinion exprimée par
M. Gaudry (1).

Les édifices affectés simplement à un service public ne sont
pas placés sous les mêmes garanties. Les ordonnances qui ont
pour objet d'en changer la destination devront être concertées
entre le ministre dans le département duquel ils rentrent, et le ministre des finances (ordonnance du 14 juin
1833; — loi du 18 mai 1850, art. 4; — décret du 24 mars
1852).

En ce qui concerne les routes, et particulièrement les routes
nationales qui font partie du domaine public de l'État, deux
opérations peuvent intervenir: le délaissement et le déclassement
(lois du 24 mai 1842 et du 20 mai 1836, art. 4). Le délaissement peut s'appliquer à une route entière ou à une portion de
route ; s'il s'agit d'une route entière, nous croyons qu'il devrait
être proposé dans une loi, ou au moins dans une loi de finances.
S'il s'agit seulement de délaisser une portion de route par suite
d'un changement de tracé, ou de l'ouverture d'une nouvelle
route, cette portion est remise à l'administration des domaines,
laquelle est autorisée à faire l'aliénation suivant les formes légales.
En cas de déclassement, la route passe dans le domaine public
départemental ou communal, mais ce changement ne peut
avoir lieu que du consentement du conseil général ou du conseil municipal. Une route qui n'aurait pas été soumise aux opérations régulières de délaissement ou de déclassement ne ces-
serait pas de faire partie du domaine public, et ne pourrait pas

____

(1) Gaudry, *Traité du domaine*, t. III, p. 222

être prescrite (1). Les portions de route qui n'ont pas été utilisées n'ont jamais fait partie du domaine public, et par conséquent aucun acte spécial n'est nécessaire pour en autoriser la vente.

Le déclassement des routes départementales, des chemins vicinaux de grande communication et d'intérêt commun se fait par décision du conseil général (loi du 10 août 1871, art. 46, § 8), sans doute après avis des conseils municipaux compétents. Le préfet ne peut déférer la décision au conseil d'État que pour excès de pouvoir ou violation de la loi ; il doit agir dans les vingt jours ; et le décret d'annulation doit être rendu dans les deux mois en forme de règlement d'administration. — Pour les chemins vicinaux ordinaires, c'est la commission départementale qui remplit le même rôle (loi du 20 août 1871, art. 86). Les décisions peuvent être frappées d'appel par le préfet, les conseils municipaux et les autres parties intéressées. — Le conseil général décide. Il y a de plus recours au conseil d'État pour excès de pouvoir ou violation de la loi.

Les particuliers qui jouissaient du voisinage d'une route peuvent demander qu'on leur réserve un chemin d'exploitation de la largeur de cinq mètres (art. 2, loi du 24 mai 1842). Néanmoins il a été jugé que la suppression des jours et accès établis sur une voie publique pour le service ou l'agrément d'une propriété riveraine pouvait donner lieu à une indemnité, mais que l'existence de ce droit n'empêcherait pas l'administration de faire sur la voie publique les changements qu'elle croit nécessaires (2).

Ajoutons pour terminer que si une Compagnie de chemin de fer interrompt son service, le chemin peut être mis sous séquestre, et l'État continue provisoirement l'exploitation du chemin aux frais de la Compagnie. Si la Compagnie n'exécute

_____

(1) Arrêt cons. d'État, 19 novembre 1852, Berthon ; — 13 avril 1870, Dupin ; — 18 juillet 1866, Dora.

(2) Arrêt Cass., 25 février 1880 ; — D., 1880, 1, 225.

point les obligations du traité qu'elle a signé, l'État peut, dans les cas prévus par les articles 39, 40 et 41 du cahier des charges, prononcer la déchéance. Il procède alors à une adjudication. Si aucun concessionnaire ne se présente, l'État reprend la propriété des matériaux approvisionnés et des ouvrages exécutés. Dans tous les cas il garde le cautionnement (1).

(1) Aucoc, *Conférences de droit administratif*, t. III, 2ᵉ édition, 1882, §§ 1335 et 1336.

FIN

POSITIONS

—

DROIT ROMAIN

1. Les Romains se sont servis de l'expropriation pour exécuter leurs grands travaux publics.

2. Les rivages de la mer ne sont entrés dans le domaine public qu'à l'époque d'Auguste.

3. La publicité des fleuves ne dépendait pas de leur navigabilité.

4. Le droit d'alluvion ne s'appliquait pas aux *agri limitati*.

5. Pour intenter l'*operis novi nuntiatio* il faut avoir un droit réel, excepté quand il s'agit du domaine public.

6. L'ancien droit romain n'avait pas admis qu'on pût transférer la propriété *ad conditionem*, mais l'opinion contraire admise par quelques jurisconsultes de l'époque classique est définitivement reconnue sous Justinien.

7. L'obligation contractée par un *fidejussor in duriorem causam* que l'obligation principale, n'est pas seulement réductible ; elle est nulle.

DROIT CIVIL

1. Le lit des cours d'eau non navigables ni flottables n'appartient pas au domaine public.

2. Les lais et relais de la mer ne font pas partie du domaine public.

3. Le vice du contrat de mariage résultant de l'incapacité des futurs époux ne peut être couvert ni par une ratification expresse ni par la prescription de l'article 1304.

4. La clause de réversibilité d'une rente viagère acquise avec les deniers communs, et faite au profit du survivant des époux, est valable comme donation entre époux.

5. La séparation de corps n'entraîne pas de plein droit la révocation des dispositions entre-vifs que l'époux au profit duquel elle a été prononcée peut avoir faites en faveur de son conjoint.

6. Les récompenses dues par la communauté à la femme renonçante portent intérêt de plein droit à partir de la dissolution de la communauté.

7. Le bail ne confère au preneur qu'un droit personnel et non un droit réel.

DROIT PÉNAL

1. Quand après une première condamnation on découvre que le condamné a commis un crime qui ne mérite qu'une

peine moins grave que celle qui lui a été appliquée, la poursuite criminelle devra être exercée à l'occasion du nouveau fait.

2. Quand une loi nouvelle change la compétence en matière pénale, l'ancienne juridiction, lorsqu'elle n'a pas définitivement statué, est dessaisie.

DROIT DES GENS

1. Lorsqu'un étranger, capable d'après la loi française, est incapable d'après sa loi personnelle, il peut faire prononcer contre le Français envers qui il se serait obligé, la nullité de son engagement.

2. Lorsqu'un Français réfugié en pays étranger a été réclamé par la France, et lui a été livré, ce prévenu traduit devant nos tribunaux ne peut élever des exceptions fondées soit sur l'illégalité de l'acte qui l'a livré, soit sur les termes restrictifs ou conditionnels de cet acte.

DROIT ADMINISTRATIF

1. Pour qu'un édifice fasse partie du domaine public, il faut qu'il ait été affecté à l'usage public en vertu d'une loi.

2. Le droit des concessionnaires d'un chemin de fer n'est pas un droit réel susceptible d'être assimilé à l'usufruit ou à l'emphytéose, et ne peut pas être frappé d'hypothèque.

3. Le propriétaire qui se plaint d'avoir été dépouillé de sa propriété par une délimitation inexacte, peut s'adresser directement aux tribunaux civils pour demander une indemnité.

Vu par le président de la thèse :

C. BUFNOIR.

Vu par le doyen :

CH. BEUDANT

Vu et permis d'imprimer,

Le vice-recteur de l'Académie de Paris,

GRÉARD.

TABLE DES MATIÈRES

Pages

Introduction 1

DROIT ROMAIN

Histoire du domaine public de l'État à Rome, ses modes de protection par les magistrats et par les citoyens 3

Chapitre premier. Biens qui composent le domaine public de l'État à Rome 3

Section I. Époque de création 3

§ 1. Période sacerdotale 3
2. Période civile 5

Section II. Caractères distinctifs. — Domaine public. — Domaine privé de l'État 6

Section III. Classification des choses qui composent le domaine public à Rome 10

Section IV. Choses publiques de droit divin 11

§ 1. Choses religieuses 11
§ 2. Choses sacrées 13
§ 3. Choses saintes 15

Section V. Choses publiques de droit humain 16

§ 1. Édifices publics 16
§ 2. Voies de communication 19
§ 3. Mer et rivages 22
§ 4. Cours d'eau 25
§ 5. Canaux, lacs, étangs 31
§ 6. Aqueducs 31

Section VI. Expropriation.— Aliénation des choses du domaine public.   33

CHAPITRE II. Modes de protection du domaine public de l'État par les citoyens 36

Section I. Histoire des interdits populaires...................... 36

Section II. Conditions d'exercice. — Procédure générale........... 39

Section III. Revue des divers interdits populaires................ 43

    § 1. Interdits *de religiosis*................................. 43
    § 2. Interdits *de loco publico*.............................. 44
    § 3. Interdits *de viis et itineribus*........................ 45
    § 4. Interdits *de fluminibus et rivis*....................... 47
    § 5. Interdits relatifs à la mer et aux rivages............... 49

Section IV. *Operis novi nuntiatio*............................... 50

CHAPITRE III. Modes de protection du domaine public de l'État par les magistrats... 54

Section I. Idée générale du droit de contrainte et du droit de justice.   54

Section II. Magistrats de la République........................... 60

    § 1. Consuls... 60
    § 2. Préteurs.. 61
    § 3. Censeurs.. 62
    § 4. Magistrats nommés *agris dandis, assignandis*. 67
    § 5. Édiles.. 68
    § 6. Fonctionnaires inférieurs sous la République... 72

Section III. Fin de la République romaine. L'Empire.............. 74

    § 1. Caractère du pouvoir impérial........................... 75
    § 2. Caractère des anciennes institutions qui survivent sous l'Empire. 78
    § 3. Fonctionnaires placés sous les ordres directs de l'empereur.. 80
    § 4. Fonctionnaires chargés des attributions de la censure. *Curæ*.. 82

Section IV. Protection du domaine public de l'État depuis Dioclétien. 87

ANCIEN DROIT FRANÇAIS

Du domaine public de l'État sous l'ancienne monarchie française.

CHAPITRE PREMIER. Histoire du domaine public de l'État sous les deux premières races... 89

CHAPITRE II. Le domaine public de l'État dans les premiers temps de la monarchie capétienne.. 92

CHAPITRE III. Comment les rois reprirent leurs droits de justice......... 95

Chapitre IV. Comment s'établit le principe d'inaliénabilité du domaine..   101

Chapitre V. Dernier état du domaine public de l'État sous l'ancienne monarchie...................................   107

    § 1. Chemins.................................   107
    § 2. Cours d'eau..............................   112
    § 3. Canaux..................................   114
    § 4. Mer et rivages...........................   116
    § 5. Domaine militaire et édifices publics.......   116

DROIT FRANÇAIS

Des biens qui composent le domaine public de l'État et de la délimitation..........................   119

Chapitre premier. Séparation du domaine public et du domaine privé de l'État...............................   119

Chapitre II. Des biens qui composent le domaine public de l'État d'après le Code civil et les lois subséquentes...................   122

    § 1. Dispositions du Code civil..................   122
    § 2. Des biens qui font naturellement partie du domaine public de l'État, d'après l'article 538.....................   123
    § 3. Routes..................................   125
    § 4. Fleuves.................................   126
    § 5. Mer et rivages...........................   126
    § 6. Domaine militaire........................   128
    § 7. Canaux.................................   129
    § 8. Chemins de fer..........................   133
    § 9. Autres questions. Le lit des petites rivières fait-il partie du domaine public ? Les édifices qui sont affectés à des services publics font-ils partie du domaine public ? Des meubles qui sont contenus dans un édifice public.....................   136

Chapitre III. Autorités chargées de la conservation du domaine public de l'État. — Administration. — Juridiction administrative.........   143

    § 1. Administration...........................   143
    § 2. Juridiction administrative.................   146
    § 3. Tribunal des conflits......................   148

Chapitre IV. Constitution du domaine public de l'État par une loi, par un acte de délimitation...............................   150

    § 1. De la loi................................   150
    2. Des actes administratifs....................   153

CHAPITRE V. Objets de la délimitation. — Délimitation maritime. — Déclaration de navigabilité et délimitation fluviale................ 154

   § 1. Délimitation maritime.............................. 155

   § 2. Déclaration de navigabilité et délimitation fluviale....... 157

CHAPITRE VI. Délimitation administrative. — Autorités chargées de l'accomplir. — Recours administratifs............................. 161

   § 1. Autorités administratives.......................... 161

   § 2. Voies de recours administratives.... 164

CHAPITRE VII. Droit d'intervention de l'autorité judiciaire. — Jurisprudence du conseil d'État, des tribunaux civils. — Décisions du tribunal des conflits.. 168

   § 1. Jurisprudence du conseil d'État.................... 169

   § 2. Examen de cette jurisprudence...................... 172

   § 3. Jurisprudence des cours et tribunaux civils. — Examen de cette jurisprudence................................. 178

   § 4. Réfutation des objections......................... 180

   § 5. Jurisprudence du tribunal des conflits............... 182

CHAPITRE VIII. Déclassement des biens qui font partie du domaine public... 185

FIN DE LA TABLE DES MATIÈRES.

PARIS. — IMPRIMERIE ÉMILE MARTINET, RUE MIGNON, 2.

www.ingramcontent.com/pod-product-compliance
Ingram Content Group UK Ltd.
Pitfield, Milton Keynes, MK11 3LW, UK
UKHW021905070726
13613UKWH00001B/339